21世纪高等院校"十二五"系列规划教材·经管类

商务礼仪

SHANGWU LIYI

◎ 主　编　李月华　周一萍
◎ 副主编　何海花　叶　俊　陈丽军
◎ 主　审　程水源

中国·武汉

内 容 简 介

本书对商务礼仪作了系统的阐述,主要内容包括:商务礼仪概论,商务人员的个人礼仪,商务见面礼仪,商务接待拜访礼仪,商务会议及活动礼仪,商务通信礼仪,商务宴请礼仪,涉外商务礼仪和大学生求职礼仪。在编写过程中,力求做到深入浅出、通俗易懂、内容简洁、针对性强,实现全面性与时效性、客观性与实用性、准确性与精练性有机结合,遵循理论与实际相结合的原则,注重体系上的完整性和内容上的实用性。

本书既适合高等院校经济管理类各专业的学生使用,也可作为商务人员的参考读物和培训用书。

图书在版编目(CIP)数据

商务礼仪/李月华,周一萍主编.—武汉:华中科技大学出版社,2012.9(2022.8重印)
ISBN 978-7-5609-8331-8

Ⅰ.①商…　Ⅱ.①李…　②周…　Ⅲ.①商务-礼仪-高等学校-教材　Ⅳ.①F718

中国版本图书馆 CIP 数据核字(2012)第 200367 号

商务礼仪　　　　　　　　　　　　　　　李月华　周一萍　主编

策划编辑:曾　光
责任编辑:胡凤娇
封面设计:刘　卉
责任校对:祝　菲
责任监印:朱　玢
出版发行:华中科技大学出版社(中国·武汉)　　电话:(027)81321913
　　　　　武汉市东湖新技术开发区华工科技园　　邮编:430223
录　　排:华中科技大学惠友文印中心
印　　刷:广东虎彩云印刷有限公司
开　　本:710mm×1000mm　1/16
印　　张:11.5
字　　数:240千字
版　　次:2022年8月第1版第4次印刷
定　　价:24.50元

本书若有印装质量问题,请向出版社营销中心调换
全国免费服务热线:400-6679-118　　竭诚为您服务
版权所有　侵权必究

前　言

中华民族具有五千年的文明史，素以礼仪之邦闻名于世，讲礼重仪是我们的传统美德。古人云："不学礼，无以立"。可见礼仪是人类文明和社会进步的重要标志，也是人们进行社会交往的必备条件。随着商业活动越来越全球化，商务礼仪也扮演着越来越重要的角色，学习礼仪可以"外树形象，内强素质"。商务礼仪已经成为现代商务活动中必不可少的交流工具。"学礼、知礼、懂礼、习礼、用礼"早已成为现代商务人员必修课程，越来越多的企业都把商务礼仪作为员工基本的知识要求。

《国家中长期教育改革和发展规划纲要（2010—2020年）》（下面简称《纲要》）明确指出：要"教育学生学会知识技能，学会动手动脑，学会生存生活，学会做事做人"。本书是以《纲要》为依据，以培养学生"学会做事做人"为目的而编写的。全书在编写上力求做到深入浅出、通俗易懂，实现全面性与时效性、客观性与实用性、准确性与精练性有机结合，给人们提供有效的指导。为了帮助初学者更好地理解书本内容，本书在每章前面都提出了学习目的，在每章后面都附有复习思考题。本书既适合高等院校经济管理类各专业的学生使用，也可作为商务人员的参考读物。

本书由李月华、周一萍担任主编，负责全书大纲的拟订和编写，并统筹定稿；程水源担任主审。各章撰稿人员分工如下：李月华撰写第一章；周一萍撰写第三章和第五章；何海花撰写第四章和第六章；叶俊撰写第七章和第八章；陈丽军撰写第二章和第九章。

在本书的编写过程中，编者参考、借鉴了有关书籍的观点和资料，谨向它们的作者表示诚挚的谢意！

因时间、水平等诸多因素的限制，书中难免存在不足之处，恳请广大同行和读者批评指正。

编　者

2012年5月

目 录

第一章 商务礼仪概论 (1)
- 第一节 礼仪的含义与原则 (1)
- 第二节 商务礼仪功能和特征 (4)

第二章 商务人员的个人礼仪 (9)
- 第一节 商务人员的仪容礼仪 (9)
- 第二节 商务人员的仪表礼仪 (15)
- 第三节 商务人员的仪态礼仪 (22)

第三章 商务见面礼仪 (34)
- 第一节 称呼礼仪 (34)
- 第二节 介绍礼仪 (36)
- 第三节 握手礼仪 (40)
- 第四节 名片礼仪 (42)
- 第五节 商务见面的其他常用礼仪 (46)

第四章 商务接待拜访礼仪 (50)
- 第一节 商务接待礼仪 (50)
- 第二节 商务拜访礼仪 (57)
- 第三节 馈赠礼仪 (60)

第五章 商务会议及活动礼仪 (66)
- 第一节 商务会议基本礼仪 (66)
- 第二节 新闻发布会礼仪 (72)
- 第三节 展览会礼仪 (76)
- 第四节 签约仪式礼仪 (79)
- 第五节 商务庆典礼仪 (82)

第六章 商务通信礼仪 (89)
- 第一节 电话礼仪 (89)
- 第二节 手机礼仪 (97)
- 第三节 收发传真、电子邮件礼仪 (99)

第七章 商务宴请礼仪 (104)
- 第一节 宴会的种类 (104)
- 第二节 商务宴请礼仪 (106)

  第三节 西餐礼仪……………………………………………(118)
  第四节 中餐礼仪……………………………………………(124)
  第五节 我国少数民族饮食特点……………………………(128)
第八章 涉外商务礼仪……………………………………………(134)
  第一节 涉外商务礼仪的准则………………………………(134)
  第二节 不同国家的商务礼仪………………………………(137)
第九章 大学生求职礼仪…………………………………………(156)
  第一节 求职前的准备工作…………………………………(156)
  第二节 面试过程中的礼仪…………………………………(167)
  第三节 求职的后续礼仪……………………………………(172)
参考文献………………………………………………………………(176)

第一章 商务礼仪概论

【学习目标】

(1) 掌握礼仪、商务礼仪的含义。
(2) 重点掌握礼仪的原则、商务礼仪功能和特征。
(3) 了解学习礼仪的作用。

我国是一个有着悠久历史的文明古国,素有礼仪之邦的美誉,在数千年的历史进程中,礼仪文化作为整个中华文化的一个重要组成部分,已经形成了一套完整的礼仪规范和礼仪思想,知礼、懂礼、守礼、施礼已成为中华民族的优良传统美德。

第一节 礼仪的含义与原则

礼仪是一种行为规范,它不仅是社会生活的要求,更是一个人乃至一个民族文明程度的体现。在现代社会的各个方面,礼仪都发挥着重要的作用,它使我们的生活更有秩序,也使人际关系更为和谐。

一、礼仪的含义

礼,就是尊重别人;仪,就是通过一定的规范形式将尊重的意思表达出来。礼仪是指人们在社会交往中共同遵守的行为准则和规范,其具体内容包含以下几个方面。

(1) 礼貌　礼貌是指人们在交往时相互表示尊重和友好的行为规范。它包括礼貌语言和礼貌行为两个方面。

(2) 礼节　礼节是指人们在社会交往过程中,表示尊重、友好等意愿的惯用形式,它是礼貌的具体表现,如握手礼、介绍礼等。

(3) 仪式　仪式是指具有专门规定的程序化行为规则的活动,是一种重大礼节,如升旗仪式、奠基仪式、开幕仪式等。

礼仪包含礼貌、礼节和仪式三个方面的内容。在某些情况下,它们被视为一体,可以混合使用。其实,从内涵来看,它们不可简单地混为一谈:礼貌侧重于表现人的品质和素养,也体现一个人的文化层次和文明程度;礼节和礼貌之间是相辅相成的关系,没有礼节,就没有礼貌,有了礼貌,就必然伴有具体的礼节;礼貌是内涵,礼节是表现。由此可见,礼仪是对礼节和仪式的统称,礼貌是礼仪的基础,礼节是礼仪的基本组成部分。礼仪是人们在社会活动中的言行规范和待人接物的标志,也是一种社会文化,是社会文明的标志。

从个人修养的角度来看,礼仪是一个人的修养和素质的外在表现。也可以说,礼仪即教养,教养体现于对礼仪的认知和应用;从道德的角度来看,礼仪可以被界定为待人接物的行为规范或标准做法;从交际的角度来看,礼仪是人际交往中适用的一种交际方式或方法;从审美的角度来看,礼仪是一种形式美,是人的心灵美的外在反映。总的说来,礼仪是一门人文应用学科,具有较强的实用性和可操作性,它既是一门研究交际行为规范的学科,又是一门普及性的学科。在现实生活中,每个人都必须参加社交活动,而且都希望自己的社交活动成功,而礼仪正是一座可将交际活动引向成功的桥梁。

二、礼仪的重要原则

在商务活动中,要想有效地发挥礼仪应有的作用,通过礼仪促进人们的社会交往,改善人们的人际关系,就必须遵守礼仪的相关原则。

(一)尊重原则

尊重原则是指施礼时体现出对他人的尊重。尊重是现代礼仪的实质,礼仪从内容到形式都是尊重他人的具体表现。人际交往中的傲慢行为和轻蔑他人的态度,通常都会被视为缺乏礼貌、没有教养的表现。尊重他人是赢得他人尊重的前提,只有相互尊重,人与人之间的关系才会融洽、和谐。在人际交往中,要努力做到敬人之心常存,不失敬于人,不伤害对方的尊严,更不侮辱对方的人格。尊重原则体现在以下几个方面。

1. 遵守时间

时间就是金钱,时间就是生命。商场上最看重的莫过于守信,而遵守时间是守信的重要表现,所以与人相约一定要守时。

2. 尊重他人

是否尊重他人是一个人的文化素养的体现,是一个人有无社会经验的表现。尊重他人具体表现为以下几点。一要珍惜他人的健康和生命。二要多用商量语气与他人交流。在会谈的礼仪中,商量是一门艺术,重点学习如何彼此尊重,对领导者而言尤其重要。三要避免惊吓他人。在各种场合下,为了避免惊吓他人,如果有他人没注意的行为和动作时,应先给他人以提醒,以免惊吓着他人。四要尊重他人的隐私。每个人都希望拥有自己的空间和不为人知的秘密。所以,在公共场所不要随意谈论他人的隐私,或者以爱打听的姿态自居。

(二)适度原则

在哲学上,度是指一定事物保持自己质的数量界限,超过这个界限,就要引起质的变化。在人际交往中,情感的表达也有一个适度的问题,这要求待人既要彬彬有礼,又不低三下四;既要殷勤接待,又不有失庄重;既要热情大方,又不轻浮谄谀。把握好各种情况下的社会距离及彼此间的感情尺度,比如双方在握手时:如果对方毫不用力,自己会产生一种被冷落或不被看重的感觉;如果对方用力过大,自己会觉得对方粗俗;只有对方用力适中,自己才会觉得对方热情真诚。

(三) 自律原则

自律原则是指将自己的行为纳入规矩,时时用道德信念和行为修养准则支配自己的言行,无需别人的提示或监督。不论是在上司或同事面前,还是出于业务的考虑,都应将遵守礼仪视为尊重他人的重要表现,都应"慎独",将良好的礼仪规则内化到心中,使其成为个人素质的一部分,这样做起来才会自然,不显得做作。

人们生活在社会环境中,不同的社会环境对人的语言行为的约束也不相同。例如,我们在洽谈业务时,常常会刻意修饰服装,注意姿态、语言,使用礼节、敬语等,这些实际上是对我们自己的一些随意行为进行的约束。在这种约束中,我们就会慢慢地培养自己的气质、风度,以后一旦有类似环境条件的刺激,我们便会自觉地约束自己的行为,给人留下一种美好的印象。自律的核心除了自我约束外,还有自我对照和自我反省。在交往中,根据环境的要求,掌握好标准,把自己的言行控制在礼仪规范所要求的范围内,做到既合乎常理,又言行得当,不失礼仪。

(四) 宽容原则

宽容原则是指在人际交往中,宽以待人,不过分计较对方的过失。严于律己、宽以待人是为人处世的较高境界,也是具备较高修养的表现。宽以待人能显示出自己的良好修养。我们不能要求所接触的人都有使自己满意的处世方法,尤其是有的人在待人接物上还会出现并非本意的失礼行为。遇上这类情况,若不宽以待人,则会使交往无法继续进行,甚至会造成难以弥合的情感裂痕。在人际交往中,应容许别人有个人行为和独立进行自我判断的自由。对不同于己、不同于众的行为要宽容,不必要求他人处处效法自己,与自己完全保持一致。

(五) 主客原则

1. 保护客方

在现代礼仪中,主方立场为保护者,而客方扮演的则是被保护者的角色。例如:在接待时应该保护客人的身体安全,餐饮时不要使劲劝酒,进电梯时先让客人进入,出电梯时则相反,座次的安排问题上应体现宾主之别等,这都是尊重和保护客人的做法。

2. 客随主便

《礼记》早就明确提出了"礼从宜,使从俗"的要求,意思是依礼行事要适宜,出使的人要尊重当地的风俗。在社交活动中,处于客位的当事人应该遵从当地的或主人的规范,就是客随主便。在举行宴会时,客人可等主人开始进餐时再开始吃饭。客随主便的要求,使双方在发生交往时对遵从何种礼仪规范有了一个共同的标准,从而可以减少盲目性和无序性,处于客位的当事人需要暂时放弃自己熟悉的、固有的礼仪规范,转而学习、熟悉和遵循比较陌生的礼仪规范。因此,客随主便的要求,更多是对客方当事人的限制。当然,这种遵守是在对方尊重自己的民族、气节和人格的基础上的遵从,反之,则不适用。

3. 主随客便

主人要按照客人的喜好来招待客人,不要将自己的想法强加给客人,这体现了现代人的人性化的尊重观念。

(六)平等原则

平等原则是指在交往中,以礼待人,有来有往,既不能盛气凌人,也不能卑躬屈膝。平等原则是现代礼仪的基础。心理学研究证明:人都有被爱和受人尊敬的心理要求。人渴望平等地同他人交往、沟通,但平等只是相对的,不是绝对的。平等原则还体现在对任何交往对象都要一视同仁,以礼相待,不能因年龄、性别、文化、职业、穿着、财富等方面的不同而厚此薄彼、区别对待。

三、礼仪的作用

礼仪是人们相互尊重的、有感情的表现形式,无论从个人、团体还是国家的角度来看,礼仪对促进各项活动的顺利开展,都有巨大的作用。

(1) 从个人的角度来看,礼仪有助于个人良好形象的塑造,提高人们的自身修养;有助于促进人们的社会交往,改善人们的人际关系;有助于净化社会风气,美化自身、美化生活。

(2) 从团体的角度来看,礼仪有助于团体良好形象的塑造,团体员工的礼仪直接塑造了自身的个人形象,间接塑造了团体的组织形象,礼仪是团体文化的重要内容,是团体形象的主要附着点。

(3) 从国家的角度来看,礼仪是衡量一个民族国民素质和道德水准的尺度。因此,礼仪是人类进步的重要标志。

第二节 商务礼仪功能和特征

商务礼仪是现代商务人员处理日常事物及协调各种关系的行为准则,是促进商务活动顺利进行的基本保证,也是商务人员必须掌握的重要内容。因此,明确商务礼仪的概念,认知商务礼仪的主要功能和基本特征,并且自觉遵守商务礼仪,对商务人员来说十分重要。

一、商务礼仪的含义

商务礼仪是指人们在商务活动中,对交往对象表示尊敬友好的行为规范和活动程序,是一般礼仪在商务活动中的具体体现和运用。商务礼仪包括以下几点:

(1) 个人行为的商务礼仪,如个人素质、行为、仪表、服饰、举止等;
(2) 日常交往礼仪,如见面、邀约与应邀、宴请、赠礼等;
(3) 日常工作礼仪,如接待客户、推销工作、商务服务等;
(4) 专题商务活动礼仪,如开业、庆典、展销会、洽谈会、签字仪式等。

二、商务礼仪的功能

随着市场经济的快速发展,各种商务活动日趋繁多,礼仪具有的功能也在不断增加,礼仪逐渐发挥着越来越大的作用。商务礼仪的主要功能在于规范行为、沟通信息、增进感情、塑造形象、促进和谐。

(一) 规范行为

礼仪最基本的功能就是规范各种行为。在商务交往中,人们相互影响、相互合作,如果不遵循一定的规范,双方就缺乏协作的基础。如果交往的双方都能够按照礼仪的规范约束自己的言行,不仅可以避免某些不必要的感情对立与矛盾冲突,还有助于建立和加强人与人之间相互尊重、友好合作的新型关系,使人际关系更加和谐,社会秩序更加有序。在众多的商务规范中,礼仪规范可以使人明白应该怎样做,不应该怎样做,哪些可以做,哪些不可以做,有利于确定自我形象,尊重他人,并赢得友谊。

(二) 沟通信息

礼仪行为是一种信息性很强的行为,每一种礼仪行为都表达一种甚至多种信息。在人际交往中,交往双方只有按照礼仪的要求,才能更有效地向交往对象表达自己的尊敬、敬佩、善意和友好,人际交往才可以顺利进行和延续。热情的问候、友善的目光、亲切的微笑、文雅的谈吐、得体的举止等,不仅能唤起人们的沟通欲望,还可以促成交流的成功和范围的扩大,进而有助于事业的发展。

(三) 增进感情

在商务活动中,随着交往的深入,双方可能都会产生一定的情绪体验。它表现为两种感情状态:一种是感情共鸣;另一种是感情排斥。礼仪容易使双方互相吸引,增进感情,有利于良好的人际关系的建立和发展。反之,如果不讲礼仪,说话粗俗不堪,那么就容易产生感情排斥,造成人际关系紧张,给对方造成不好的印象。

（四）塑造形象

一个人讲究礼仪,就会在众人面前树立良好的个人形象;一个组织的成员讲究礼仪,就会为自己的组织塑造良好的形象,赢得公众的认可。所谓个人形象就是个人在公众观念中的总体反映和评价。从事商务活动的人员应该从自我做起,积极地学习、研究和掌握现代商界共同遵守的礼仪规范,在每一件小事上都要注重礼仪修养,做到礼仪无小事,从而树立良好的个人形象。所谓树立企业形象,是指在激烈的商务竞争环境中,通过得体而诚挚的商务接待、拜访、宴请、社交、送礼等活动,为企业树立高效、讲信誉、易于交往、善待商业伙伴的形象。没有谁愿意雇用一个整天不讲卫生的员工,也没有哪一家公司愿意与一个不讲信誉、员工不懂礼貌的公司做业务。现代市场竞争除了产品竞争外,更体现在形象上的竞争。一个具有良好信誉和形象的企业,很容易获得社会各方的信任和支持,就可在激烈的竞争中处于不败之地。所以,商务人员需时刻注重礼仪,这既是个人和企业良好素质的体现,也是树立和巩固个人和企业良好形象的需要。

（五）促进和谐

礼仪作为社会行为规范,对人们的行为有很强的约束力。礼仪的巧妙应用,可以化解矛盾,消除分歧,达成谅解,缓和人与人之间的紧张关系,使之趋于和谐,从而妥善地解决纠纷,广交朋友。在维护社会秩序方面,礼仪起着法律所起不到的作用。社会的发展与稳定,家庭的和谐与安宁,邻里的和谐,同事之间的信任与合作,都依赖于人们共同遵守礼仪的规范与要求。社会上讲礼仪的人更多,社会便会更加和谐稳定。

三、商务礼仪的特征

礼仪是社会文明程度的体现,在现代商业社会快速发展的今天,礼仪已被越来越多的领域所运用。那么,要想学习并全面地运用商务礼仪的相关规范,首先就必须掌握商务礼仪的基本特征,根据商务礼仪自身的特殊性,其特征可归纳为以下几个方面。

（一）规范性

规范也就是标准,即标准化要求,其强调的是商务人员待人接物的标准做法。商务礼仪的规范性是一个舆论约束,它与法律约束不同,法律约束具有强制性。如果你不遵守商务礼仪,后果也许不会致命,但却有可能会让你在商务场合被人笑话,有损个人的形象。

（二）普遍性

在商务工作中,无论在国内还是在国外,无论是国有企业、合资企业还是私营企业,无论个人还是团队,从日常同事之间的内部沟通到企业与企业之间的外部交流,直到针锋相对的商场谈判,礼仪无处不在,也无时不有。当今社会是商业的社会,各种商务活动已渗透到社会的每一个角落,可以说,只要是有人类生活的地方,就存在着各种各样的商务活动和商务礼仪规范。

（三）对象性

对象性也可称为差异性,即区分对象要因人而异,跟什么人说什么话。俗话说:"百里不同风,千里不同俗。"在不同的文化背景下,所产生的礼仪文化也不尽相同。商务礼仪的主要内容源自于传统礼仪,因此,商务礼仪具有对象性的基本特征。在商务交际场合,我们要根据不同的对象采用不同的礼仪规则。

（四）技巧性

商务礼仪强调操作性,这种操作是讲究技巧的。这种技巧体现在一言一行中,应该怎么做,不该怎么做,都应遵循商务礼仪规范。

（五）发展性

时代在发展,商务礼仪文化也随着社会的进步不断发展。比如,20世纪七八十年代,人们一般通过电报、信件等传递各种商务信息,而在今天,人们常用的则是电子邮件、电视、电话等新生事物。随着我国对外开放和与国际社会的接轨,世界各国较先进的商务元素将与我国传统文化相互渗透,我国的传统商务礼仪自然也会被赋予许多新鲜的内容,形成一套既富有我国自己的传统特色,同时又符合国际惯例的商务礼仪规范。

【复习思考题】

一、思考题

(1) 什么是礼仪？什么是商务礼仪？
(2) 礼仪的原则是什么？
(3) 商务礼仪具有哪些功能和特征？
(4) 学习礼仪有什么意义？

二、案例题

案例一

一位英国外商来到中国某厂参观并洽谈合作事宜,他对接待他的某厂工作人员评价很高,认为他的服务态度很好,英语表达流利,于是就夸奖该厂的工作人员说:"你的英语讲得好极了!"该厂的工作人员听后马上回答说:"我的英语讲得不好。"这位外商听后感到很不高兴,该厂的工作人员意识到自己的失误后,马上转移话题,避免了尴尬。

问题思考：
请分析该工作人员的失礼之处。

案例二

日本某公司主管生产物资采购负责人与兰州某公司负责人洽谈下半年度高纯铝采购事项，由于日本客户主要由小王专门负责，因此，兰州公司委派小王接待日方采购负责人。

因为该日本公司是这家兰州公司最大的采购商，所以小王制订了周密的接待安排计划。接机和商务会谈都非常顺利，对下半年的采购量和价格双方都达成了一致意见，为了表示重视和庆祝，兰州公司在当地一家很有特色的酒店预定了宴席，进出口公司负责人也参加了此次宴会。

宴会开始后，日本客户看到这么多兰州特色菜，说："我以前来中国无数次了，兰州还是第一次来，这次一定要品尝兰州的美味。"小王的上司提出为了合作愉快大家干一杯，日本客户表示中国的酒太烈，喝不了，但小王的上司表示来了兰州一定要品尝这种酒，无奈之下日本客户也只好喝了。接着小王的上司还向小王示意，让小王也向他们敬酒，日本客户在小王的再三劝说下又喝了几杯，很快就酩酊大醉，而且还把第一次品尝的兰州美味都吐了出来。虽然次日小王送机时不断地向日本客户道歉，但对方表示再也不敢来兰州了。

问题思考：
此次宴会中这家兰州公司的失礼之处。

第二章 商务人员的个人礼仪

【学习目标】

（1）重点掌握发型修饰的原则、着装的原则、西装和套裙的穿着规范，以及姿态和表情规范。

（2）掌握化妆的礼仪规范、饰品的佩戴礼仪和仪态礼仪规范。

（3）了解发型选择技巧、化妆技巧。

荀子说："人无礼则不立，事无礼则不成，国无礼则不宁。"礼仪在现代社会活动中越来越重要。它已经成为衡量一个人、一个组织，甚至一个国家的整体素质的准绳。商务人员的礼仪水准如何，不仅反映着他个人的气质、学识、道德、修养，还可以通过它折射出其背后所代表的组织的形象。仪容、仪表、仪态构成了个人礼仪的主要内容，决定了个体在社会活动和商务活动中的表现。因此，商务人员必须树立礼仪意识，自觉学习礼仪知识，并学以致用，在各种社会活动和商务活动中不断提高自己的个人礼仪修养，塑造良好的个人与组织形象，最终为个人和组织赢得机会与发展。

第一节 商务人员的仪容礼仪

仪容主要指人的容貌，而且是经过修饰以后能给人以良好知觉的容貌。在人际交往中，每个人的仪容都会引起交往对象的关注，并将影响对方对自己的整体评价。仪容之美体现了自然美和修饰美的和谐统一。俗话说："三分长相，七分打扮。"恰到好处的修饰能弥补自身的某些缺陷，展现一个人的仪容之美。男性的仪容应显示出一种刚毅与果敢、机智与稳重的个性风采，充分展示出男性的阳刚之美；女性的仪容应尽量展示其稳重和娴静、典雅和端庄，并充分体现出女性的温柔、含蓄之美。

一、发型的修饰

俗话说："远看头，近看脚，不远不近看中腰。"可见，人们注视他人的第一眼是从头看起的。头发是每个人的制高点，是交往对象无法忽视的重要部分，因此，作为一名商务人员，要想维护自己的形象，就必须认认真真地修饰自己的头发。

（一）发型修饰的基本要求

1. 干干净净

要求勤洗发、勤理发，使自己的头发保持清洁的状态。具体做法如下：第一，应当至少三天洗一次头发；第二，需随时检查自己头发的清洁度，以保证其整洁、无头屑、无异味。

2. 长短适当

商务人员的头发要求宜短、不宜长，讲究前不遮眉、侧不盖耳、后不过肩。不论是女士，还是男士，留短发都有诸多好处。如短发梳洗方便，使人显得朝气蓬勃、精神焕发，而且它还符合商务人员讲究传统保守和工作快节奏的特点。商务人员头发宜短，并不是越短越好。商务人员头发的长度：男士头发以 6 cm 左右为佳，最长不应后及领口、前过额头；女士头发的长度相对来说要求要宽松一些，但不要长过肩部或挡住眼睛，若是社交活动较多，或者确实对潇洒飘逸的长发情有独钟，头发可留长些，但在正式的工作场合，则必须将长发梳成发髻，盘在头上。需要特别强调的是，商务人员原则上不宜留大鬓角。

3. 整整齐齐

要求商务人员必须把头发梳理到位，不允许蓬松凌乱。为了使头发保持既定的发型，可以使用美发用品对之加以定型，要保持其整齐。如果要出席重要的商务活动或参加相关的社交活动，最好先去理发店或美容店，请理发师对自己的头发精心修剪或修饰一番，这样做往往能使交往对象借此发现你对此次活动的重视程度，能让其有备受尊重之感。

（二）发型选择技巧

头发处在人的仪表最显著的部位，除了要保持干净整洁、长短适宜外，发型的选择也十分重要。一个好的发型，能弥补头型、脸形的某些缺陷，使人显得神采奕奕，体现出内在的艺术修养和良好的精神状态。在选择发型时，应根据发质类型、头型、脸形、体形的不同而选择。

1. 发型与发质类型要相配

（1）细软发质的发型　发质细软的人，头发总是贴在头部，缺乏丰盈感。这种发质的人不宜留平直的发型，否则会显得老成而没有朝气，且不宜留太长，太长不易梳理，也不易定型。如留刘海，最好采用斜外卷式，向外翻卷的发尾轻盈而又活泼，能增加立体感。

（2）粗硬发质的发型　头发粗硬的人，如果留发太短，容易蓬松且难约束。这种发质的人可以留不到肩的短发或超过肩的长发。如果将头发稍稍向内卷，则可有稳重和弹性之感。

（3）头发稀疏的发型　头发稀疏的人，不宜选择长发型，长发型会使头发显得更少。可以选择有蓬松感、增加头发量感的大波浪,吹风时尽量将发根吹得竖起来,使头发显出弹性而产生立体感。

（4）头发稠密的发型　头发稠密的人,如果发质粗硬,可以参考前面的方法。如果发质适中就必须根据脸形、体形来考虑,注意发型不要做得太花,应尽可能简单,或者干脆留成长发,梳一根马尾辫也别有一番情趣。

2. 发型与脸形要协调

（1）鹅蛋脸形　这种脸形给人端庄娴静、柔和的感觉,梳理任何发型都合适,但更适合中分的发型,这种发型会增添端庄的美感,梳理的时候要注意线条的柔和自然,不必刻意梳理。

（2）圆脸形　这种脸形要避免将头发全部往后梳的后掠式和将头发烫成齐耳的内卷式,这两种发型会使脸显得更圆。可采用轻柔的大波浪,眼睛以下层层削薄。头发宜用侧分,以减弱圆脸的偏中性特征。同时,有刘海的不太适合这一脸形。

（3）长脸形　这种脸形要避免头顶的头发吹得太高,也不能梳成旁立的发髻,这样会使脸显得更长。可以梳理一些松散的发型,前发下垂而略厚,形成自己喜欢的刘海;同时增加面部两旁的发量,使脸部显得宽一些。

（4）三角脸形　这种脸形由于左右下颌骨的间距太宽,显得前额狭窄。在做发型时要注意前部的头发向后梳时,不论中分还是侧分,都要左右两侧展开,以表现出额部的宽阔感。同时,在头发的下端应尽量运用发型将脸部遮盖一些,注意颧骨两侧的头发要往外蓬,后脑的头发也要做得蓬松,使其有丰满感。

（5）倒三角脸形　这种脸形的特征是上宽下窄,即上额宽阔下颌尖窄。一般说来,这种脸形还是比较理想的。这种脸形的人不宜留超短发,而且头顶的头发不宜吹得过高,最好是让头发紧贴头顶和太阳穴部位,这样可以减少额角和颧骨的宽度。

（6）方形脸形　这种脸形的人要尽量用发型缩小脸部的宽度。首先头顶的头发可以梳得蓬松些,刘海要往两侧太阳穴梳,以掩盖方额角。留短发至下巴,用两边的垂发遮挡部分舒展的下颌。同时,两边的头发不要有太大的变化,使头发形态显得清秀一些。

3. 发型与身材相配

（1）身材矮小的人　身材矮小的人要避免表现头发的重量感,因为这样会造成重心下移。蓬松的发型,会使高的人显得潇洒漂亮,如果矮的人盲目跟从,只会使人注意其身材的不足。身材矮小的人尽量不要留披肩长发,这样会使身材显得更矮。最好采用短发型,或超短发型,这样看上去重心低的感觉就得到了缓和。如果喜欢长发,只宜梳一个发髻或扎一个马尾。

（2）身材高大的人　身材高大的人选择发型较容易,尤其是优美的、蓬松的发型,就更显得潇洒大方。无论发型长与短,对身材高大的人来说总是相宜的。但是,身材太高的人切忌留削得太薄的超短发,无论这种发型与其脸形多么相配,但从身后看会让人感觉重心太高,有脱节感。

(三) 发型修饰的注意事项

商务人员在正式场合时,发型应当传统一些,切勿过分新潮、过分怪异,做到不烫发、不染发(不染黑色以外的其他颜色)。

此外,从事商务活动的女士不管为自己选定了何种发型,在头发上都不宜再添加过分花哨的发饰,不宜不分场合地把用于室外或社交场合的帽子,如公主帽、发卡帽、贝雷帽、学士帽、棒球帽、太阳帽等戴进办公室。有些需要戴发卡的发型,应使用常规的发卡。

二、化妆的礼仪规范

化妆是一种通过对美容用品的使用,来修饰自己的仪容、美化自我形象的行为。简单地说,化妆就是有意识、有步骤地来为自己美容。对商务人员来说,化妆的功能有两点:一是塑造单位形象的需要,要求职员化妆上岗,有助于体现单位的统一性、纪律性,有助于使单位形象更为鲜明、更具特色;二是要求职员化妆上岗,意在向商界的交往对象表示尊重。因此,在商务交往中化妆与否,绝非个人私事,而是衡量其对交往对象是否尊重的一个尺度。所以,商务人员必须了解并认真遵守有关化妆的基本礼仪规范。

(一) 化妆的基本要求

1. 妆面整洁

整洁的妆容,不仅能让你赢得别人的好感,甚至可以使你得到专业、能干的认可。商务人员需要简洁、庄重、大方和干练的形象,如果掌握不好化妆的技巧和色彩的搭配,化出来的妆就会让人感觉妖艳或脏乱。

2. 色彩自然

最高明的化妆术是经过非常考究的化妆,让大家看起来好像没有化过妆一样。化妆并不是为了改变自己的容貌,而是为了弥补缺陷、增添色彩,使人具有良好的精神风貌。所以,自然、不露痕迹应当是最佳的美容效果。

3. 整体协调

妆容应该与出席场合、自身角色、服装样式、时间等相互协调。如社交妆应美艳,舞会妆应浓郁;少女妆应清纯,主妇妆应柔美;结婚妆应喜庆,工作妆应淡雅;晨妆应明朗,晚妆应靓丽。眼影的色彩尽量与服装的色彩保持一致。

(二) 化妆的一般步骤

化妆是一种艺术性、技巧性很强的系统工程,若要学会化妆,就必须对化妆品的种类、化妆的步骤有一定的正确认识。进行一次全套的化妆,其步骤也有区别。现将全套化妆的大体步骤总结如下,以供参考。

第一步,洁面,润肤。用洗面奶去除油污、汗水和灰尘,保持面部清洁。然后扑打化妆水,用少量的护肤霜将面部涂抹均匀,以保护皮肤免受其他化妆品的刺激,为面部化妆做好准备。

第二步,涂敷粉底。在面部的不同区域使用深浅不同的粉底,以修饰脸形,突出五官,使脸部产生立体感。完成之后,再用少许定妆粉来固定粉底。

第三步,修饰眼部。先画眼影,根据不同的服饰、场合,确定眼影的颜色;画眼线;修饰睫毛。然后根据脸形修剪眉型,眉弓的位置按照标准应在眉尾占全部眉毛的三分之一的位置。

第四步,美化鼻部。画鼻侧影,以改变鼻形。

第五步,打腮红。打腮红的目的是为了修饰、美化面颊,使人看上去容光焕发。注意选择合适的颜色,腮红的位置:一般小孩涂在脸蛋上,成人涂在颧骨上。

第六步,修饰唇部。先用唇线笔描出合适的唇形,然后填入色彩适宜的唇膏,使其红唇生色,更加美丽。

第七步,喷涂香水。美化身体的整体"大环境"。正确使用香水的位置有两个:一是离脉搏跳动比较近的地方,如手腕、耳根、颈侧、膝部、踝部等处;二是既不会污损衣物,又容易扩散出香味的服装上的某些部位,如内衣、衣领摆的内侧,以及西装上所用的插袋巾的下端。

第八步,修正补妆。全套化妆彻底完成,检查化妆的效果,进行必要的调整、补充和矫正。

无论是什么人、什么性别,准备出席什么场合,其化妆的步骤大致都是在上述范例的基础上增减变化。因此,以上八个步骤可以称为商务人员化妆的基本步骤。

(三)化妆的规则和禁忌

(1)在工作岗位中,应当化以淡妆为主的工作妆,称为淡妆上岗。淡妆的主要特征是简约、清丽、素雅,具有鲜明的立体感。男士的工作妆,一般包括以下几点:美发定型;清洁面部与手部,并使用护肤品进行保护;使用无色唇膏和无色指甲油,保护嘴唇与手指甲;使用香水等。女士的工作妆,在男士工作妆的基础上,还要注意修饰型化妆品的适当使用。

(2)在工作岗位中,应当避免过量地使用芳香型化妆品。如果使用过多,会给人以不良刺激,往往起不到美化身体的作用。一般在一米的范围内能够闻到淡淡的香味较为恰当。

(3)在工作岗位中,应当力戒与他人探讨化妆问题。在工作岗位上,也不允许商务人员擅自"越位",随便与他人一起切磋化妆术。

(4)每个人的审美观不一样,切忌在工作岗位中评价、议论他人化妆的水平。

(5)在工作岗位中,应当力戒自己的妆面出现残缺。在工作岗位上,假如自己适当地化了一些彩妆,那么就要有始有终,努力维护其妆面的完整性。对于唇膏、眼影、腮红、指甲油等化妆品,尤其要时常检查。用餐之后、饮水之后、休息之后、出汗之后,一定要及时地补妆。妆面一旦出现残缺,不仅有损自身的形象,更重要的是,它还会让自己在他人眼中显得做事缺乏条理、为人懒惰、不善自理。所以,商务人员尤其是白领丽人必须努力克服这种现象。发现妆面出现残缺后,要及时采用必要的措施,重新进行化妆,或者对妆面重新进行修补。

(6) 不要借用他人的化妆品。借用他人的化妆品不仅不礼貌,也不卫生,化妆品可能会成为疾病传播的媒介,因此,不要乱用他人的化妆品,也不要将自己的化妆品随意借给别人。

三、手部的修饰

商务人员的双手应当以干净卫生、雅观为其要旨。具体要求有如下几点。

(1) 双手要勤洗。与洗脸相比,双手更要勤洗。

(2) 双手要保洁。手部不仅要勤洗,而且还要精心照料,别让手部红肿、粗糙、长疮或积劳成疾。

(3) 不留长指甲。商务人员应养成定期修剪指甲的良好习惯,一般要求三天修剪一次。

(4) 工作时指甲不宜涂抹彩色指甲油,这主要是针对女士来说的。适量使用无色指甲油,对保护手指甲是有益的。

(5) 腋毛在正式场合不宜为外人所觉察。一般认为,女士在正式场合穿着的衣衫应以不露腋窝为宜,背带裙、背心、无袖装及袖口宽松肥大的上衣等都不宜穿着,否则会影响美观。

四、腿部的修饰

腿部在近距离之内为他人所注目,因此,腿部的修饰必不可少。腿部的修饰,应注意脚部、腿部和汗毛三部分。

修饰脚部,要注意以下四点:首先,在正式的场合不允许光着脚穿鞋子,使脚部过于暴露的鞋子(如拖鞋、凉鞋等)也不能穿;其次,注意保持脚部的卫生,保证脚无异味;再次,在非正式场合光着脚穿鞋子时,要确保脚部的干净、清洁;最后,脚趾甲要勤修剪,最好每周修剪一次,趾部通常不应露出鞋外。

关于腿部,要注意以下三点:一是在正式场合,不允许男士暴露腿部,即不允许男士穿短裤;二是在正式场合,女士可以穿长裤、裙子,但不得穿短裤或超短裙;三是女士在正式场合穿裙子时,不允许光着腿不穿袜子,尤其不允许出现三截腿。

汗毛看起来不雅,所以应特别注意。男士在正式场合不允许穿短裤或卷起裤卷。女士的腿部汗毛如果过于浓密,应脱去或剃掉,或者选穿深色丝袜,加以遮掩。没有剃掉或脱掉过于浓密的汗毛之前,切忌穿浅色的透明丝袜。

第二节 商务人员的仪表礼仪

广义的仪表是指人的外表,包括容貌、姿态、服饰、风度、个人卫生等,狭义的仪表特指人的衣着和饰物。一个人的仪表不但可以体现他的文化修养,也可以反映他的审美情趣。穿着得体可以赢得他人的信任,给人留下美好的印象,为自己的发展创设良好的机遇。相反,穿着不当往往会降低自己的身份和品位,损害自己的公众形象。仪表同样也是商务人员精神面貌的外在表现,良好的仪表也是尊重对方、讲求礼貌、互相理解的具体表现。

一、商务人员的着装原则

职场中得体的着装应该符合 TPO 原则。TPO 是时间(time)、地点(place)、场合(occasion)三个英文单词的首字母缩写,是指人们在选择着装的搭配时,应当注重时间、地点、场合这三个客观因素。

(一)时间原则

时间既包含一天的早、中、晚三个时段,也包含季节的变化及不同历史时期的变化。

在通常情况下,人们早间在家中和户外的活动居多,着装都应以方便、随意为宜,可以选择运动服、便装、休闲装等,这样会透出几分轻松温馨之感。

日间是工作时间,着装要根据自己的工作性质和特点,总体上以庄重、大方为原则。如果安排有社交活动或商务活动,则应以典雅、端庄为基本着装格调。

晚间的宴请、舞会、音乐会等正式社交活动居多,人们的交往空间距离相对会缩小,服饰给予人们视觉与心理上的感受程度相对增加,因此,晚间着装要讲究一些,礼仪要求也要严格一些。晚间着装以晚礼服为宜,以形成高雅大方的礼仪形象。

许多西方国家都有一条明文规定:人们去歌剧院观看歌剧一类的演出时,男士一律着深色晚礼服,女士着装也要端庄雅致,以裙装为宜,否则不准入场。这一规定旨在强调社交场合的文明与礼仪,同时也体现着西方国家所具有的尊重他人、着意营造优美环境与氛围的社会文化。

季节的变化是大自然的规律,人们在着装时应遵循这一规律,做到冬暖夏凉、春秋适宜。夏季以轻柔、凉爽、简洁为着装原则,切忌拖沓烦琐、色彩浓重,以免给自己与他人造成生理与心理上的负担;冬季应以保暖、轻便为着装的原则;春、秋两季着装的自由度相对大一些,总体上以轻巧灵便、薄厚适宜为着装原则。

此外,着装要有时代感,不宜过于老气,也不宜过于前卫,要顺应时代的潮流和节奏,过分复古或过分新奇都会令人侧目,并与公众拉大心理距离。如 20 世纪 60 年代的西装革履、涂脂抹粉与20世纪90年代的穿着补丁棉裤给人心理留下的都是不协调，说明穿着打扮始终不能脱离时代的潮流。

（二）地点原则

服饰的地点原则实际上是指环境原则。特定的环境应配以与之相适应、相协调的服饰，以获得视觉与心理上的和谐感。

在静谧肃穆的办公室里穿一套随意性极强的休闲装，穿着拖鞋，或者在绿草茵茵的运动场穿一身挺括的西装，穿着皮鞋；在严肃的写字楼里，女士穿着拖地晚装送文件，男士穿着沙滩花短裤与客户交谈……这些场景都会因环境的特点与服饰的特性不协调而显得人景两不宜。

没有统一制服的单位，职员们的服装一般应尽可能与工作环境相协调，不宜过分追求时髦。特别是商务人员，因为经常出入社交场所，服装通常要求高雅、整齐、端庄、大方，以中性色彩为主，不突出形体的线条，职业女性在衣着穿戴上不宜太华丽。肉色蕾丝上衣、丝绒高开衩长裙，会使别人认为此人女性化色彩过重，太敏感、易情绪化，甚至会有人背后称之为花瓶。太美艳的装扮难免会遭到同行的妒忌和异性的骚扰。当客户走进高雅洁净的办公场所时，白领女性的穿戴会影响其对这家公司的印象。

刚参加工作的商务人员不要让自己显得太清纯，如果穿着印有向日葵图案的T恤、草编凉鞋、恋人送的玻璃手镯去参加商务会议，会使人显得幼稚、脆弱。同样，办公室着装也不能太前卫，漂染黄发、穿戴夸张会使人觉得你自由散漫、缺乏合作精神。

（三）场合原则

服饰的场合原则是指服饰要与穿着场合的气氛相协调。场合原则是人们约定俗成的惯例，具有深厚的社会基础和人文意义。服饰所蕴含的信息内容必须与特定场合的气氛相吻合，否则会引起人们的猜忌、厌恶和反感，导致交往空间距离与心理距离的拉大和疏远。参加重大的商务活动时，着一套便服或打扮得花枝招展，会使人感觉没有诚意或缺乏教养。所以，有必要选择与场合相适宜的服饰造型，实现人景相融的最佳效果。

1983年6月，美国前总统里根出访欧洲四国时，由于他在庄重严肃的正式外交场合没有穿黑色礼服，而穿了一套花格西装，引起西方舆论一片哗然。有的新闻媒体批评里根不严肃，缺乏责任感，这其实与其演艺生涯有关；有的新闻媒体评论里根自恃大国首脑、狂妄傲慢，没有给予欧洲伙伴应有的尊重和重视。

如果一个人的服饰不符合一定的场合要求是会引起误会的。在商务工作中，要避免浓妆艳抹、衣饰华丽，也不可蓬头垢面、衣饰庸俗，要恰如其分地打扮自己，表现出商务人员的优雅气质，表现出个人内在的涵养。

一项研究表明，客户更青睐那些穿着得体的商务人员，身着商务制服和佩戴领带的业务员所创造的业绩要比身着便装、不拘小节的业务员高出约60%。添置衣服或许要花一些钱,但它就像一项高明的投资一样,迟早要为你带来丰厚的回报。

二、商务服饰的礼仪要求与规范

服饰是一种文化,能够反映一个国家的经济水平、文化修养、精神与物质文明发展的程度。服饰还是一种无声的语言,能表达一个人的社会地位、文化品位、审美意识,以及生活态度等。商务场合,男士穿着西装、女士穿着套裙是最符合国际规范的服饰。

(一)男士西装的着装规范

西装是举世公认的国际服装,它美观大方,穿着舒适,已发展成为当今世界上最标准、最通用的礼服,适合各种礼仪场合。

1. 西装的选择与穿着

西装的样式很多,领型有大、小驳头之分;上衣前门有单、双排扣之分;上衣扣眼有一粒、两粒和三粒之分;口袋有明暗之别;套件还有两件和三件之不同。做礼服的西装应是上、下装同色的深色毛料精制而成,系领带,穿黑皮鞋,必要时还要配折花手帕。

选择西装以宽松适度、平整、挺括为标准,重要的不是价格和品牌,而是包括面料、裁剪、加工工艺等在内的许多细节。在款式上,西装应样式简洁,注重服装的面料、裁剪和手工。在色彩选择上,以单色为宜,建议至少要有一套深蓝色的西装。深蓝色显示出高雅、理性、稳重;灰色比较中庸、平和,显得庄重、得体而气度不凡;咖啡色是一种自然而朴素的色彩,显得亲切而别具一格;深藏青色比较大方、稳重,也是较为常见的一种色调,比较适合黄皮肤的东方人。

西装纽扣的功能主要在于装饰。西装有单排扣和双排扣之分,穿单排三粒扣西装,一般扣中间一粒或上两粒;穿单排两粒扣西装,只扣第一粒或全部不扣,若在正式场合,则要求把第一粒纽扣扣上,在坐下时方可解开;穿双排扣西装,应将纽扣全部扣上。

西裤作为西装的另一个主要部分,要求与上装互相协调,以构成和谐的整体。裤腰大小以合扣后能伸入一手掌为标准,西裤的长度应正好触及鞋面。腰带一般2.5~3 cm的宽度较为美观,腰带系好后留有皮带头的长度一般为12 cm左右,过长或过短都不符合美学要求。

西装的口袋一般不放东西,最多放一块手帕;走路时,也不要把双手插在上装或裤子的口袋里。就整套西装来说,所有设计在外部的口袋都只是一种装饰,真正能够放置物品的只有上装的前胸暗袋,可以放置钱夹或名片夹。

西装穿着讲究"三个三",即三色原则、三一定律、三大禁忌。

(1) 三色原则　三色原则是指男士在正式场合穿着西装时,全身颜色必须限制在三种以内,超过三种会显得不伦不类,失于庄重和保守。

(2) 三一定律　三一定律是指男士穿着西装外出时,鞋子、腰带、公文包三者的颜色必须协调统一,最理想的选择是三者皆为黑色。

(3) 三大禁忌　三大禁忌是指男士在正式场合穿着西装时,不能出现以下三个错误。一是袖口上的商标未拆。袖口上的商标应该是在买西装时就由售货人员拆掉,不然就有故意显摆之嫌。二是在正式的场合穿着夹克打领带。在正式场合,夹克如同休闲装,穿夹克打领带是不允许的,领带与西装才是配套的。三是男士在正式场合穿着西装时袜子出现问题。在商务交往中宜穿深色棉袜,有两种袜子是不穿为妙的,一是尼龙丝袜,二是白色袜子。

2. 衬衫的选择与穿着

能与西装相配的衬衫颜色很多,最常见的是白色或其他浅色。

与西装搭配的衬衫,领子应该是有座硬领,领围以合领后可以伸入一个手指头为宜。袖子的长度以长出西装袖口 1～2 cm 为标准,衬衫领应高出西装领 1 cm 左右。在穿着衬衫时,长袖或短袖硬领衬衫应扎进西裤里面,短袖无座软领衬衫可以不扎。

在日常生活中,长袖衬衫不与西装上装合穿时,衬衫领口的扣子可以不扣,让其敞开,但一般只能敞开一粒扣子。袖口可以挽起,但一般只能按袖口宽度挽两次。如果衬衫与西装上装合穿,或者虽不合穿,但要扎领带时,则必须将衬衫的扣子全部都扣好,不能挽起衣袖,袖口也应该扣好。注意领口和袖口要干净。

白色的衬衫配深色的西装,花衬衫配单色的西装,单色衬衫配条纹或带格西装都比较合适;方格衬衫不应配条纹西装,条纹衬衫同样不要配方格西装。在办公室中穿着的衬衫,颜色以单色为理想选择。白色是最佳也是最安全的选择,浅颜色也可以,不宜穿淡紫色、桃色、格子、圆点和宽条纹的衬衫,面料最好以纯棉为主。

3. 领带的选择与穿着

领带是西装的灵魂,在西装的穿着中起着画龙点睛的作用。经常更换不同的领带,往往也能给人以耳目一新的感觉。

领带有温莎结、半温莎结(十字结)和亚伯特王子结等打法。面料以真丝为最优,使用最多的花色品种是斜条图案领带。实际上,领带上的图案是有意义的,如碎花代表体贴,圆点代表关怀,方格代表热情,斜纹代表果断。

系好领带后,应该认真整理,使之规范、定型。领带上片的长度以系领带者呈标准姿势站立时,领带尖正好垂至腰带扣中央下沿为最佳,不能太短,更不能比下片还短;也不能太长,太长很不雅观。如果配有西装背心或毛衣、毛线背心,领带须置于它们的里面,且下端不能露出领带头。

领带配饰包括领带棒、领带夹、领带针、领带别针等,有各种型号,主要功能是固定领带。除经常做大幅度的动作或作为企业标志时使用领带夹外,其他情况最好不用领带夹。佩戴时应注意,领带夹的位置不能太靠上,以从上往下数衬衫的第四颗和第五颗纽扣之间为宜。西服的扣子扣好后,领带夹是不应该被看见的。

领带选择的基本原则是衬衫、领带与西装三者之间要和谐、调和。比如,西装和领带的花纹不能重复。如果衬衫是白色,西装是深色,领带就不能是白色,而应是比较明快的颜色;如果衬衫是白色,西装的颜色朴实淡雅,领带的颜色就必须华丽一些。当然,除了衬衫、领带、西装的色彩协调应充分考虑外,这三者的色彩关系还应顾及穿着者的肤色、年龄、职业、性格特征等。

4. 礼仪场合西装、衬衫、领带的搭配方法

黑色西装,配白色或其他浅色衬衫,系银灰色、黑红细条纹、绿色或蓝色领带。
深蓝色西装,配白色或淡蓝色衬衫,系蓝色、深玫瑰色、褐色、橙黄色领带。
中灰色调西装,配白色或浅蓝色衬衫,系砖红色、绿色或黄色领带。
墨绿色西装,配白色或银灰色衬衫,系银灰色、灰黄色领带。
乳白色西装,配红色略带黑色衬衫,系砖红色或黄褐色领带。

(二) 女士套裙的着装规范

如果说西装是男性服饰的标志,套裙则是女性服饰的标志。套裙飘逸摇曳、婀娜多姿,使人产生美妙的视觉感受和心理感受。作为职业女性,其工作场合的着装有别于其他场合的着装,尤其代表着一个企业、一个组织的形象时,更要追求大方、简洁、素雅的风格。套裙以它严肃、多变却不杂乱的颜色,以及新颖而不怪异的款式,成为职业女性最规范的工作装。

1. 套裙的选择与穿着

套裙有两件套和三件套之分,套裙的上装以西装的式样居多,也有圆领、V字领、青果领、披肩领等式样;款式有单排扣、双排扣之分;造型上有宽松的、束腰的,还可以由各种图案镶拼组合而成。根据面料,套裙有半毛制品、亚麻、丝绸、纯棉之分。丝绸是上乘的面料,但价格昂贵;纯棉的面料也可以,但洗过后必须熨烫平整。

不得体的裙装,不管多么新颖时髦也不会给人以美感。在生活中,我们常常会看到身材高大肥胖的女士,上穿一件淡红色紧身衣,下穿一条一步裙,露出肥厚的前胸和粗壮的大腿,令人担心那身衣服随时会崩裂;而身材矮小的女士,却上穿一件深色蝙蝠衫,下穿一条长长的黑色呢裙,宽松肥大的衣裙把她整个人都装了进去,越发显得瘦弱憔悴。同样,纤细瘦弱的女士穿上紧身裙装则会显得干瘪无味、缺乏魅力。

要穿着得体,就要宽松适当,长短适中,套裙造型与体形特征互补互衬。比如,高大丰满的女士穿一套上衣长度过腰、裙子长度及膝的西装套裙是比较合体的。矮个女士最适合穿上下色调统一的套裙,因为单色套裙使人显得高挑、纤细。

选择套裙时,应当充分考虑利用裙子的装饰美化作用,用扬美遮丑使自己体形的完美部分得到充分展示,不足之处得到掩饰。比如:有的女士上身较长,双腿较短,看起来体态重心偏下,不够匀称,这样的体形可以选择上装仅及腰部、裙子长及小腿的套裙,利用裙装的上短下长,掩盖腿部粗短的缺点;肩窄臀宽的人,应注意使用垫肩,使肩部看上去宽些,也可以在肩部打褶以增加宽度,还可以选择束腰的服装以衬托肩部的宽大;腰粗的人应选肩部较宽的衣服,以产生肩宽腰细的效果,不宜穿腰间打褶的衣服,不要把衬衫扎进裙子中。

2. 女性正装穿着的规范与禁忌

(1) 忌着装暴露　在正式场合穿着过露、过紧、过短和过透的衣服,如短裤、背心、超短裙、紧身裤等,就容易分散顾客的注意力,同时也显得不够专业,还要注意切勿将内衣、衬裙、袜口等露在外衣外面。

(2) 忌内衣外穿　穿着居家服很舒适,但是在公共场合这样穿着则显得非常失礼了。在家里接待来宾和客人时,绝对不要只穿睡衣、内衣、短裤或浴袍。

(3) 忌裙、鞋、袜子不搭配　鞋子应穿高跟或半高跟的牛皮鞋,颜色以黑色为主,与套裙色彩一致的皮鞋也可以选择。袜子一般为尼龙袜或连裤袜,颜色宜为肉色、黑色、浅灰、浅棕等几种常规选择颜色,切勿将健美裤、九分裤等裤装当成长袜来穿。袜子应当完好无损,可以在皮包内放一双备用丝袜,以便当丝袜被弄脏或破损时可以及时更换,避免难堪,切勿穿着脱丝的丝袜。

(4) 忌光脚或三截腿　在国际交际中,穿着裙装却不穿袜子,往往会被人视为故意卖弄风骚,因此,光脚是不允许的。穿半截裙子时,若再穿半截袜子,袜子和裙子中间露出一段腿肚子,会导致裙子一截,袜子一截,腿肚子一截,这在国外往往被视为没有教养。

(5) 忌穿黑色皮短裙　由于文化背景、风俗习惯、审美观念的差异,黑色皮短裙及其附加的装扮,是欧美国家特殊服务行业通用的标志。

三、饰品的选择与佩戴礼仪

饰品,也称首饰、饰物,它是人们在穿着打扮时所使用的装饰物,它可以在服饰中起烘托主题和画龙点睛的作用。服装饰物包括两大类:一类是以实用性为主的附件,如帽子、鞋子、袜子等;另一类是以装饰性为主的饰物,如项链、戒指、耳环等。下面对装饰性饰物的选择和佩戴进行介绍。

(一) 饰品佩戴的原则

饰物的佩戴应遵循以下几项原则。

(1) 点到为止,恰到好处　装饰物的佩戴不要太多,美加美并不一定等于美。珠光宝气,挂满饰物,除了让别人感觉你在炫耀和表现出庸俗外,没有呈现丝毫美感。

(2) 扬长避短,显优藏拙　装饰物是起点缀作用的,要通过佩戴装饰物突出自己的优点,掩盖缺点。如脖子短而粗的人,不宜戴紧贴着脖子的项链,而应带细长的项链,这样从视觉上把脖子拉长了。个子矮的人,不宜戴长围巾,否则会显得更加矮小。

(3) 突出个性,不盲目模仿　佩戴饰品要突出自己的个性,不要别人戴什么,自己就戴什么,别人戴着好看的东西不一定适合自己。如西方女性嘴大、鼻子高、眼窝深,戴一副大耳环显得漂亮,而东方女性适合戴小耳环,以突出东方女性含蓄、温文尔雅的特点。

（二）装饰性饰物的佩戴礼仪

1. 项链的选择与佩戴

项链是女性最常用的饰品之一。它既可装饰人的颈项、胸部,使女性更具魅力和性感,又能使佩戴者的服饰更显富丽。如果对项链的色彩、质地、造型等功能没有一个正确的认识,佩戴效果就会适得其反。一般来讲,金项链以"足赤"而给人一种华贵富丽的感觉;珍珠项链则以白润光洁而给人以高雅的美感,它们可以与各色服装相配,给人以华美的总体印象,但若与衣服的颜色过于接近,则会失去装饰的功能。

从项链的造型来看,细小的金项链只有与无领的连衣裙相配才会显得清秀,而挂在厚实的高领衣装外,就会给人清贫寒酸的印象。矮胖圆脸的人,佩戴一串下垂到胸部的项链,会使人感到似乎增加了身高,加长了脸形;而脖子细长的人,以贴颈的短项链,尤其以大珍珠项链最为合宜。另外,衣着的面料、颜色、式样及场合也常常影响着各种质地、造型的项链的佩戴。

2. 耳环的选择与佩戴

耳环虽小,却是戴在一个明显而重要的位置上,可以直接刺激他人的注意力,所以,美观大方的耳环对人的风度气质的影响很大。耳环的种类很多,常见的有钻石、金银、珍珠等。耳环的形状各异,有圆形、方形、三角形、菱形等。一般来讲,纯白色的耳环和金、银耳环可以配任何衣服,而鲜艳色彩的耳环则需与衣装相一致或接近。从质地方面来看,佩戴熠熠闪亮的钻石耳环或洁白晶莹的大珍珠耳环,必须配以深色高级天鹅绒旗袍或高档礼服,否则会相形见绌;金、银耳环对服装则没有很多的限制。选择耳环主要考虑自己的脸形、发型、服饰等方面。例如,长脸形特别是下颌较尖的脸形应佩戴面积较大的扣环式耳环,可使脸部显得圆润丰满;方脸形宜选择面积较小的耳环。服饰色彩比较艳丽,耳环的色彩也应艳丽,商务女士不宜选择较大的耳环,最好佩戴简洁的耳钉。

3. 戒指的选择与佩戴

戒指不仅是一种重要的饰品,还是特定信息的传递物。尽管它有钻石、珍珠、金、银等不同质地,有浑圆、方形、雕花、刻字等不同造型,但其佩戴的方法是一致的,表达的含义也是特定的。戒指通常戴在左手上,一般来说,戴在食指上,表示尚未恋爱,正在求偶;戴在中指上,表示已有意中人,正在恋爱;戴在无名指上,表示已正式订婚或已经结婚;戴在小指上,则表示誓不婚恋,独身主义。在不少西方国家,未婚女子的戒指戴在右手而不是左手上;修女的戒指总是戴在右手无名指上,这意味着她已经把爱献给了上帝。一般情况下,一只手上戴一枚戒指,戴两枚或两枚以上的戒指是不合适的。

总而言之,佩戴饰品要少而精,以体现自己的个性为主,不能认为项链选得越粗越好,戒指戴得越多越好,否则会弄巧成拙。男性首饰的佩戴要力求舒适、大方,给人一种稳重、潇洒的感觉。

第三节 商务人员的仪态礼仪

仪态是指一个人举止的姿态与气质、风度。姿态是指一个人的身体显现出来的样子,包括站姿、坐姿、走姿等,而风度是一个人气质的外在表现。人的气质包含道德品质、学识修养、社会阅历、专业素质与才干、个人的爱好与专长等。它主要是通过人的言谈举止、站姿、坐姿、走姿等方面体现出来的。仪态属于人的行为美学范畴,在商务活动交往过程中,它用一种无声的体态语言,向人们展示出一个人的道德品质、学识修养、文化品位等方面的素质与能力。

一、姿态

人们在社交活动中的姿态主要包括站姿、坐姿、行姿、蹲姿等。姿态美主要表现在站、坐、走、蹲的规范上。

(一) 站姿

站姿就是人们站立时的姿势与体态,它是姿态美的基础。良好的站姿能衬托出美好的气质和风度。在正式场合,商务人员的站姿应当是挺拔而庄重的。遗憾的是,很多人的站姿并不优雅,再加上没有强烈的人格魅力,使得他们毫无风度可言。

1. 标准站姿

作为商务人员来讲,正确的站姿应当如下:

(1) 头正,双目平视,嘴唇微闭,下颌微收,面部平和自然;

(2) 双肩放松稍向下沉,身体有向上的感觉,呼吸自然;

(3) 躯干挺直,收腹,挺胸,立腰;

(4) 双臂放松,自然下垂于体侧,手指自然弯曲;

(5) 双腿并拢立直,两脚跟靠紧,脚尖分开呈V字式。男士站立时,双脚可分开,但不能超过肩宽。

2. 其他站姿

由于日常活动的不同需要,我们也可采用其他一些站立姿势。这些姿势与标准站姿的区别,主要是通过手和腿部的动作变化体现出来的。例如:女士单独在公众面前或登台亮相时,两脚呈丁字式站立,显得更加苗条、优雅;对男士来讲,两手可以搭放背后,两脚可以略微分开,与肩同宽。需要注意的是,这些站立姿势必须以标准站姿为基础,要与具体环境相配合,才会显得美观大方。

以上是商务人员的礼仪规范站姿,这些站姿用于迎宾、大型隆重场合待客等。商务人员在较随便、轻松的场合使用的站姿可以适当放松紧张感,但仍然应注意抬头、挺胸、收腹、收臀及身体挺直。

3. 不良的站姿

不良的站姿，要么姿态不雅，要么缺乏尊敬他人之意。我们应当避免如下不良站姿。

(1) 身躯歪斜　古人对站姿曾经提出过基本的要求是立如松。它说明人们在站立时，应以身躯直正为美，而不允许其歪歪斜斜。如头偏、肩斜、身歪、腿曲，这些不良状态不仅直接破坏人体的线条美，而且还会让人觉得你萎靡不振、自由放纵。

(2) 弯腰驼背　这是一个人身躯歪斜时的一种特殊表现。除腰部弯曲、背部弓起之外，大都同时还会伴有颈部弯缩、胸部凹陷、腹部挺出、臀部撅起等不良体态，这些不良体态对个人形象的损害很大。

(3) 趴伏倚靠　在工作岗位上，商务人员要确保自己"站有站相"，不能自由散漫，随便偷懒。在站立时，随随便便地趴在一个地方，伏在某处左顾右盼，倚着墙壁、桌柜而立，这些都是不允许的。

(4) 手位不当　在站立时，不当的手位主要有以下几种形式：①将手放在衣服的口袋之内；②将双手抱在胸前；③将两手抱在脑后；④将双肘支于某处；⑤将两手托住下巴等。

(5) 脚位不当　在正常的情况下，双脚在站立之时呈V字式、丁字式、平行式等脚位，通常都是允许的。以下这些脚位是不允许的：①站立时呈内、外八字；②一只脚站在地上，另外一只脚踏在椅面上、蹬在窗台上或跷在桌面上等都是不允许的。

(6) 双脚大叉　在站立时，双腿分开的幅度一般越小越好，在可能时，双腿并拢最好。双腿即使分开，双腿间的距离以不超过自己的肩宽为宜。

(7) 浑身乱动　在站立时是允许体位变动的。不过从总体上讲，站立是一种相对静止的体态，因此，在站立时不宜频繁地变动体位，甚至浑身乱动。

(二) 坐姿

坐姿是一种可以维持较长时间的工作姿势，也是一种主要的休息姿势，更是人们在社交中的主要身体姿势。良好的坐姿不仅有利于健康，而且能塑造沉着、稳重、文雅、端庄的个人形象，给人一种舒适感。

对日本推销之神原一平影响最大的吉田胜逞和尚曾告诉他说："人与人之间，像这样相对而坐的时候，一定要具备一种强烈的吸引对方的魅力，如果你做不到这一点，将来就没有什么前途可言了。"这说明良好的坐姿可展示出高雅庄重、尊敬他人的良好风范。

1. 标准坐姿及入座、离座的要领

标准的坐姿传递着自信、友好、热情的信息，同时也显示出高雅庄重的良好风范，标准坐姿的规范如下。

(1) 精神饱满，表情自然，目光平视前方或注视交谈对象。

(2) 身体端正舒展,重心垂直向下或稍向前倾,腰背挺直,臀部占坐椅面的 2/3。

(3) 双膝并拢或微微分开,双脚并齐。

(4) 两手可自然放于腿上或椅子的扶手上。

入座时的基本要求有以下几方面。

(1) 在别人之后入座　出于礼貌,和客人一起入座或同时入座时,要分清尊卑,先请对方入座,自己不要抢先入座。

(2) 从座位左侧入座　如果条件允许,在就座时最好从坐椅的左侧接近它。这样做,是一种礼貌,而且也容易就座。

(3) 向周围的人致意　在就座时,如果附近坐着熟人,应该主动跟对方打招呼。即使不认识,也应该先点点头。在公共场合,要想坐在别人身旁,还必须征得对方的允许。还要放轻动作,不要使坐椅乱响。

(4) 以背部接近坐椅　得体的做法是先侧身走近坐椅,背对着站立,右腿后退一点,以小腿确认一下坐椅的位置,然后随势坐下。必要时,可用一只手扶着坐椅的把手。

(5) 女性着裙装入座　女性着裙装入座时,应用双手将裙子的后片向前拢一下,以显得娴雅端庄。坐下时,身体重心徐徐垂直落下,臀部接触椅面要轻,避免发出声响。坐下之后,双脚并齐,双腿并拢。

离座时的基本要求有以下几个方面。

(1) 事先说明　离开坐椅时,如果身边有人在座,应该用语言或动作向对方先示意,随后再站起身来。

(2) 注意先后　和别人同时离座时,要注意起身的先后次序:地位低于对方时,应该稍后离座;地位高于对方时,可以首先离座;双方身份相似时,可以同时起身离座。

(3) 起身缓慢　起身离座时,最好动作轻缓,不要拖泥带水弄响坐椅,或将椅垫、椅罩掉在地上。

(4) 从左离开　和左入一样,左出也是一种礼节。

2. 其他坐姿

除基本的坐姿以外,由于双腿位置的改变,也可形成多种优美的坐姿,如双腿平行斜放、两脚前后相掖或两脚呈小八字形等,都能给人舒适优雅的感觉。

女士的其他坐姿有下列几种形式。

(1) 前伸式　在标准坐姿的基础上,两小腿向前伸出一脚的距离,脚尖不要翘起。

(2) 前交叉式　在前伸式坐姿的基础上,右脚后缩,与左脚交叉,两踝关节重叠,两脚尖着地。

(3) 屈直式　右脚前伸,左小腿屈回,大腿靠紧,两脚前脚掌着地,并在一直线上。

（4）侧点式　两小腿向左斜出，两膝并拢，右脚跟靠拢左脚内侧，右脚掌着地，左脚尖着地，头和身躯向左斜，注意大腿、小腿要成90°的直角，小腿要充分伸直，尽量显示小腿长度。

（5）侧挂式　在侧点式的基础上，左小腿后屈，脚步绷直，脚掌内侧着地，右脚提起，用脚面贴住左踝，膝和小腿并拢，上身右转。

（6）重叠式　重叠式也称二郎腿或标准式架腿等。在标准式坐姿的基础上，两腿向前，一条腿提起，腿窝落在另一腿的膝关节上边，要注意上边的腿向里收，贴住另一腿，脚尖向下。二郎腿一般被认为是一种不严肃、不庄重的坐姿，尤其是女士不宜采用。其实，这种坐姿常常被采用，只要注意上边的小腿往回惦，脚尖向下这两个要求，不仅外观优美文雅，大方自然，富有亲切感，而且还可以充分展示女士的风采和魅力。

男士的其他坐姿有下列几种形式。

（1）前伸式　在标准式的基础上，两小腿前伸一脚的长度，左脚向前半脚，脚尖不要翘起。

（2）前交叉式　小腿前伸，两脚踝部交叉。

（3）屈直式　左小腿回屈，前脚掌着地，右脚前伸，双膝并拢。

（4）斜身交叉式　两小腿交叉向左斜出，上体向右倾斜，右肘放在扶手上，左手扶把手。

（5）重叠式　右腿叠在左膝上部，右小腿内收贴向左腿，脚尖自然下垂。

总之，无论哪种坐姿，都必须保证腰背挺直，女性还要特别注意使双膝并拢。

3. 应避免的坐姿

坐姿优雅与否是一个人有无能力的试金石，因此，应坚决杜绝以下几种不良坐姿。

（1）过于松散　全身完全放松，瘫软在椅子上；头仰到沙发或椅子后，屁股溜到椅子的边缘，腹部挺起；弓腰驼背，全身挤成一团。

（2）腿位不当　两腿伸直而坐；两腿叉得开开的；抖动或左右摇晃双腿；叉开腿倒骑椅子。

（3）脚位不当　把脚架在桌子上；架起二郎腿后，小腿还晃悠；把脚藏在坐椅下或勾住椅腿。

（4）动作过猛　忽地坐下或腾地站起；落座或起座时，碰到杯子，踢到椅子，弄出声响，打翻东西；使劲拖椅子或拖茶几。

（三）走姿

行走是人的基本动作之一，最能体现出一个人的精神面貌。看人观走姿，行走姿态的好坏可反映人的内心境界和文化素养的高低，能够展现出一个人的风度。在行走时既应优雅稳重，又应保持正确的节奏，这样才可体现动态之美。

1. 标准走姿

标准走姿的要求如下。

(1) 走姿是站姿的延续动作,行走时,必须保持站姿中除手和脚以外的各种动作要领。

(2) 走路使用腰力,身体重心宜稍向前倾。

(3) 跨步均匀,步幅约一只脚到一只半脚。

(4) 迈步时,两腿间的距离要小。女士穿裙子或旗袍时要走成一条直线,使裙子或旗袍的下摆与脚的动作协调,呈现优美的韵律感;穿裤装时,宜走成两条平行的直线。

(5) 出脚和落脚时,脚尖、脚跟应与前进方向近乎一条直线,避免"内八字"或"外八字"。

(6) 两手前后自然协调摆动,手臂与身体的夹角一般在 $10°\sim15°$,由大臂带动小臂摆动,肘关节只可稍稍弯曲。

(7) 上下楼梯,应保持上身正直,脚步轻盈平稳,尽量少用眼睛看楼梯,最好不要用手扶着栏杆。

2. 其他走姿

行走的姿势也不是一成不变的,在不同的场合会有强弱、轻重、快慢、幅度及姿势的不同。

(1) 男士着西装行走时,要注意保持挺拔之感,后背平正,两腿立直,走路的步幅可略大一些。女士穿旗袍就要远远地离开女人柔美的风韵,要求身体挺拔,挺胸,下颌微收,走路时步幅不适合过大,两脚跟前后要走在一条直线上,脚尖略外开,成柳叶步。

(2) 参加喜庆活动,步态应轻盈、欢快,以反映喜悦的心情;参加吊丧活动,步态要缓慢、沉重,以反映悲哀的情绪。参观展览、探望病人,脚步应轻柔。进入办公场所,登门拜访,脚步应轻而稳。走入会场、走向话筒、迎向宾客,步伐要稳健大方、充满热情。举行婚礼、迎接外宾等重大正式场合,脚步要稳健,节奏稍缓。办事联络,往来于各部门之间,步伐要快捷又稳重,以体现办事者的干练。陪同来宾参观,要照顾来宾行走速度,并善于引路。

(3) 在与人告辞时,为了表示对对方的敬意,在离去时,可采取后退法。在楼道、走廊等道路狭窄处为了表示对他人礼让三分,应该采取侧行步。

3. 应避免的走姿

走路要注意纠正自己不正确的走姿,常见的错误走姿有以下几种。

(1) 横冲直撞　行走时,专爱拣人多的地方走,在人群之中乱冲乱闯,甚至碰撞到他人的身体,这是很失礼的行为。

(2) 抢道先行　行进时不注意方便和照顾他人。

(3) 阻挡道路　在道路狭窄之处,悠然自得地缓步而行,甚至走走停停,或者多人并排而行,显然都是不妥的。

(4) 蹦蹦跳跳　必须注意保持自己的风度,不宜使自己的情绪过分地表面化,若一旦激动起来,走路便会出现上蹿下跳,甚至连蹦带跳的失态情况。

(5) 制造噪音　应当有意识地使行走悄然无声,其做法如下:一是走路时要轻手轻脚,不要在落地时过分用力,走得"咚咚"直响;二是在比较安静的公共场合不要穿带有金属鞋跟或带有金属鞋掌的鞋子;三是平时所穿的鞋子一定要合脚,否则行走时会发出令人厌恶的噪声。

(6) 步态不雅　走"八字步"或"鸭子步",步履蹒跚,腿伸不直,脚伸不直,脚尖首先着地等不雅步态,要么使行进者显得老态龙钟,有气无力;要么给人以嚣张放肆、矫揉造作之感。

(四) 蹲姿

欧美国家的人认为"蹲"这个动作是不雅观的,所以,只有在非常必要的时候才蹲下来做某件事情。日常生活中,蹲下捡东西或系鞋带时一定要注意自己的姿态,应保持大方、端庄的蹲姿。

1. 蹲姿的标准规范

优雅的蹲姿,一般采取下列两种方法。

(1) 交叉式蹲姿　下蹲时右脚在前,左脚在后,右小腿垂直于地面,右脚全脚着地。左腿在后与右腿交叉重叠,左膝由后面伸向左侧,左脚跟抬起,脚掌着地。两腿前后靠紧,合力支撑身体。臀部向下,上身稍前倾。

(2) 高低式蹲姿　下蹲时左脚在前,右脚稍后(不重叠),两腿靠紧向下蹲。左脚全脚着地,小腿基本垂直于地面,右脚脚跟提起,脚掌着地。右膝低于左膝,右膝内侧靠于左小腿内侧,形成左膝高右膝低的姿势,臀部向下,基本以右腿来支撑身体。男士选用这种蹲姿时,两腿之间可有适当距离;女士则要两腿并紧,穿旗袍或短裙时需更加留意,以免尴尬。

2. 蹲姿的禁忌

(1) 弯腰拾捡物品时,两腿叉开,臀部向后撅起,或者两腿展开平衡下蹲,均是不雅观的姿态。

(2) 下蹲时注意内衣"不可以露,不可以透"。

(3) 下蹲时还应避免突然下蹲、离人过近、方位失当(忌正或背对客人)、毫无遮掩、随意滥用等不雅蹲姿。

二、手势

手势是指运用手指、手掌、拳头和手臂的动作变化,表达思想感情的一种态势语言。它是态势语言的重要组成部分,也是体语中的一种极有表现力的"语言"和传播媒介。美国心理学家詹姆斯认为,在身体的各个部分中,手的表达能力仅次于脸。在社会交往中,手势有着不可低估的作用,生动形象的有声语言再配合准确、精彩的手势动作,必然能使交往更具有感染力、说服力和影响力。

(一) 手势的区域

手势活动的范围有上、中、下三个区域。此外,手势活动还有内区和外区之分。

肩部以上称为上区,多用来表示理想、希望、宏大、激昂等情感,表达积极肯定的意思。上区手势的动作要领是掌心向内或向上,其动作幅度较大,大多用来表示积极向上、慷慨激昂的内容和感情。上区手势在演讲与大会上运用比较多,在平时交流与沟通中一般很少运用。

肩部至腰部称为中区,手势在这一区域活动,多表示叙述事物、说明事理和较为平静的情绪,一般不带有浓厚的感情色彩。中区手势动作要领是单手或双手自然地向前或两侧平伸,掌心可以向上、向下,也可以和地面垂直,动作幅度适中,是日常生活与工作中运用最多的一种。

腰部及以下称为下区,手势在这一区域活动,一般表示憎恶、鄙视、反对、批判、失望等。下区手势的动作要领是掌心向下,手势向前或向两侧往下压,动作幅度较小,一般传递出消极否定的信息。

(二) 社交中几种常见的手势

社交中几种常见的手势有如下几点。

1. 指示性手势

指示性手势主要用于指示具体事物或数量,其特点是动作简单、表达专一,一般不带感情色彩。

规范的手势应当是手掌自然伸直,掌心向内或向上,手指并拢,拇指自然稍稍分开,手腕伸直,使手与小臂成一直线,肘关节自然弯曲,大、小臂的弯曲以140°为宜。在做手势时,要讲究柔美、流畅,做到欲上先下、欲左先右,避免僵硬死板。同时,要配合眼神、表情和其他姿态,使手势协调大方。此外,根据不同的场景,指示性手势可以进行以下变形。

(1) 横摆式　在表示"请进"、"请"时常用横摆式。横摆式的手势是五指并拢,手掌自然伸直,掌心向上,肘微弯曲,腕低于肘。开始做手势应从腹部之前抬起,以肘为轴轻缓地向一旁摆出,到腰部并与身体正面成45°时停止;头部和上身微向伸出手的一侧倾斜,另一手下垂或背在背后,目视宾客,面带微笑,表现出对宾客的尊重、欢迎。

(2) 前摆式　如果右手拿着东西或扶着门时,这时要向宾客做向右"请"的手势时,可以用前摆式。前摆式的手势是五指并拢,手掌伸直,由身体一侧由下向上抬起,以肩关节为轴,手臂稍曲,到腰的高度再向身前右方摆出,摆到距身体15 cm,并不超过躯干的位置时停止,目视来宾,面带笑容;也可双手前摆。

(3) 双臂横摆式　当来宾较多时,表示"请"可以动作大一些,采用双臂横摆式。

双臂横摆式的手势是两臂从身体两侧向前上方抬起,两肘微曲,向两侧摆出,指向前进方向一侧的臂应抬高一些、伸直一些,另一手稍低一些、弯曲一些;也可以双臂向一个方向摆出。

(4) 斜摆式 请客人落座时,手势应摆向座位的地方,手要先从身体的一侧抬起,到高于腰部后,再向下摆去,使大、小臂成一斜线。

(5) 直臂式 需要给宾客指方向时,采用直臂式。直臂式的手势是手指并拢,手掌伸直,屈肘从身前抬起,向抬到的方向摆出,摆到肩的高度时停止,肘关节基本伸直。注意指引方向,不可用一手指指出,显得不礼貌。

2. 发出招呼信息的手势

发出招呼信息时,正确而有礼貌的手势动作是高抬手臂,掌心朝下,轻挥手腕,如果掌心朝上则是无礼而蛮横的行为。

3. 表示喜恶态度的手势

一般来说,手势动作还可表示喜恶态度,例如:右拇指向上翘表示赞扬;伸出左手的小指表示"坏"或蔑视;食指与中指相交叉呈V状表示胜利。

4. 引起对方注意的手势

食指伸直,其余的手指内曲,这既表示指物,又是提醒对方注意的手势,一般在所讲事物很重要,或者表示警告的时候使用。

必须强调的是,手势动作是一种较为复杂的伴随语言,深受文化差异的影响,应首先了解其在不同民族中所表达的特定含义,才能有效地发挥手势语的交际作用。

(三) 手势运用的原则

手势语能反映出复杂的内心世界,如运用不当便会适得其反,因此,在运用手势时要注意以下几方面的原则。

首先,要简约明快,不可过于繁多,以免喧宾夺主。

其次,要雅观自然,因为拘束低劣的手势,有损于交际者的形象。

再次,要协调一致,即手势与全身协调,手势与情感协调,手势与语言协调。

最后,要因人而异,不可千篇一律地要求每个人都做几个统一的手势动作。

三、表情

表情,泛指一个人的面部所呈现出来的具体形态,指的是人通过面部形态变化所表达的内心思想感情。所谓神态,是指人所表现出来的神情态度。在一般情况下,二者往往是通用的,实际上,它们所指的主要是人的面部所表现出来的态度变化。

在商务交往中,热情友好、待人诚恳的商务人员有必要正确运用好自己的表情,唯有这样,商务人员的友善与敬意才会真正被交往对象所理解。友好诚恳的表情不仅是商务人员的一种职业要求,而且应当是商务人员待人接物所必备的一种修养。商务人员在人际交往中所应用的表情语言相当丰富,认真的眼神和真诚的微笑,无论如何都应当是商务人员的基本表情。

(一) 眼神

眼神也称目光语,它在交际中是通过视线接触所传递的信息。人与人的沟通,眼神是最清楚、最正确的信号,因为人的瞳孔不能自主控制。一个人的态度和心情,往往会通过眼神自然地流露出来。人们在相互交往中都在不自觉地用眼神说话,也在有意无意地观察他人的眼神。比如,深切地注视是一种崇敬的表示;眉来眼去、暗送秋波是情人交流感情的形式;横眉冷对是一种仇视的态度,而眼球移动迟钝、痴呆则是一种深情或忧愁的表现;等等。眼神主要由注视的时间、视线的位置和瞳孔的变化三个方面组成。

1. 注视的时间

据调查研究发现,人们在交谈时,视线接触对方脸部的时间约占全部谈话时间的30%~60%。超过这一平均值,可认为对谈话者本人比谈话内容更感兴趣;低于这一平均值,则表示对谈话内容和谈话者本人都不怎么感兴趣。不难想象,如果谈话时心不在焉、东张西望,或者由于紧张、羞怯不敢正视对方,目光注视时间不到谈话时间的1/3,这样的谈话,必然难以被人接受和信任。当然,还要考虑文化背景,如与南欧人交谈时,注视对方过久可能会被对方认为是一种冒犯行为。

2. 视线的位置

人们在社会交往中,不同场合和对象,目光所及之处也是有差别的。有的人在与陌生人打交道时,往往因为不知道把目光怎样安置而窘迫不安。已被人注视而将视线移开的人,大多怀有相形见绌之感;仰视对方,一般体现尊敬、信任的含义;频繁而又急促地转眼球,是一种反常的举动,常被用做掩饰的一种手段。当然,如果死死地盯着对方或东张西望,不仅是极不礼貌的,而且也显得漫不经心。根据视线所落的区域不同,将注视分为以下三种。

(1) 公务注视　常见于洽谈、磋商、谈判等正式场合,这种凝视给人一种严肃认真的感觉。注视的位置在对方的脸部,以双眼为底线,上到前额的三角部分。谈公务时,如果你注视对方这个部位,就会显得严肃认真,对方也会感到你有诚意,你就会把握谈话的主动权和控制权。

(2) 社交注视　各种社交场合使用的注视方式,注视的位置在对方唇心到双眼之间的三角区域,当你的目光看着对方脸部这个区域时,会营造出一种社交气氛,让人感到轻松自然。这种凝视主要用于茶话会、舞会及各种类型的友谊聚会。

(3) 亲密注视　亲密注视是亲人之间、恋人之间及家庭成员之间使用的注视方式,凝视的位置在对方双眼到胸之间。

总之,我们在与不同的人交往和使用各种视线时,应把握分寸、恰到好处、善于调节、因人而异,以显示自己较高的文化修养,从而为双方友好关系的建立创造一个无声的良好氛围。

3. 瞳孔的变化

瞳孔的变化即视觉接触时瞳孔的放大或缩小。心理学家往往用瞳孔变化大小的规律来测定一个人对不同事物的兴趣、爱好、动机等。兴奋时，人的瞳孔扩张到平常的4倍大；相反，生气或悲哀时，消极的心情会使瞳孔收缩到很小，眼神必然无光。所谓"脉脉含情"、"怒目而视"等都多与瞳孔的变化有关。据说，古时候的珠宝商人已注意到这种现象，他们能窥视交往对象的瞳孔变化而猜测对方是否对珠宝感兴趣，从而决定是采用高价还是低价。

可见，在与人交际、谈话时，应注视对方的眼睛，观察对方的瞳孔，在将自己的心情袒露给对方的同时，也可获知对方真实的感觉，从而达到心灵的交流。

（二）微笑

人的面部表情除眼神外，最明显的标志是哭和笑。为了显示商务人员应有的素养，应当开展微笑社交，这也是商务人员应有的礼貌修养的外部表现。在社会交往中，微笑不但能强化有声语言沟通的功能，增强交际效果，而且还能与其他肢体语言配合，代替有声语言的沟通。如微笑着向别人道歉，会消除对方的不满情绪；微笑着接受批评，能显示你勇于承认错误但又不诚惶诚恐；即使微笑着拒绝别人，也代表你的大度，不会使人感到难堪，等等。

微笑作为一种表情，它不仅仅是形象的外部表现，而且反映着人的内在精神状态。一个奋发进取、乐观向上的人，一个对本职工作充满热情的人，总是微笑着走向生活，走向社会。美国希尔顿旅馆的董事长康纳·希尔顿常常这样问下属："你今天对顾客微笑了没有？"他还要求职员们记住："无论旅馆本身遭遇的困难如何，希尔顿旅馆服务员脸上的微笑永远是属于旅客的阳光。"果然，服务员脸上永恒的微笑，帮助希尔顿旅馆度过了20世纪30年代美国空前的经济萧条时期，在全美国旅馆倒闭了80％的情况下，跨入黄金时代，发展成为全球显赫的旅馆企业。

1. 微笑的基本要求

礼节性的微笑，要有得体恰当的动作要领，具体如下。

（1）面部表情和蔼可亲，伴随微笑自然地露出6～8颗牙齿，嘴角微微上翘；微笑注重"微"字，笑的幅度不宜过大。

（2）微笑时真诚、甜美、亲切、善意，充满爱心。

（3）口眼结合，嘴唇、眼神含笑。

2. 微笑的禁忌

微笑的禁忌有如下几点：

（1）不要缺乏诚意强装笑脸；

（2）不要露出笑容随即收起；

（3）不要为情绪左右而笑；

（4）不要把微笑只留给上级、朋友等少数人。

微笑是一种魅力,在社会交往中,亲切、温馨的微笑,可以有效地缩短双方的距离,创造良好的心理气氛,使"强硬的"变得温柔了,"困难的"变得容易了,甚至还会反败为胜。然而,要笑得好,笑得自然,并不是一件容易的事。面对亲密的人笑得过火,会显得不稳重;硬挤出的淡淡的笑,则会给人一种虚伪的感觉。微笑要发自内心、亲切自然。微笑也可以训练,日本航空公司的空中小姐,仅微笑这一项,就要训练半年之久。可见,重要的是自身的心理调适。如果每一个商务人员都牢固树立"顾客是上帝"的观念,如果人与人之间都能以兄弟姐妹般来相待,那么面容上就不难保持发自内心的微笑。总之,可以肯定地说,不善微笑便不善社交,善意的、恰到好处的微笑,可使自己轻松自如,使别人心旷神怡。因此,要不断进行微笑的练习。

【复习思考题】

一、思考题

(1) 发型修饰的要求和原则是什么?
(2) 化妆的功能和步骤有哪些?
(3) 商务人员的着装原则和饰物的佩戴原则是什么?
(4) 简述站姿、坐姿、走姿、蹲姿的礼仪规范。
(5) 在商务交往中,如何把握自己的眼神?
(6) 社交中常见的手势有哪些?

二、案例题

案例一

某中日合资公司,在与日方约定的谈判中,中方为了慎重起见,特意从某大学里挑选了一位女大学生做翻译。她一头披肩长发,无论身材、长相、语言都无可挑剔,谈判如期进行。在谈判中,日方向中方提出必须更换翻译的要求,否则无法进行谈判。中方代表很纳闷,便问:"是她翻译得不好,还是她……?"日方说:"她翻译得很好,长得也很漂亮,但是她的头发总是甩过来、甩过去,使我们无法集中精神。"

问题思考:

(1) 这名女大学生违反了什么礼仪?
(2) 这名女大学生应该怎么做?

案例二

美国著名的老资格政治公关专家——罗杰·艾尔斯,为美国总统效力二十多个春秋,美国人称之为"利用媒介塑造形象的奇才"。1968年,当尼克松与约翰逊竞选总统时,艾尔斯精心指导尼克松在一次电视竞选中克服自卑心理,使尼克松在赢得竞选方面取得意想不到的效果。1984年,里根参加总统竞选,起初公众对他的印象不佳,觉得他年龄大,又当过演员,有轻浮、年迈无力之感。但里根在政治公关顾问艾尔斯的协助下,注意配合适当的服饰、发型与姿势,表现得庄重、经验丰富,从而逐渐改变了公众先前对他的不佳印象,结果竞选取得了成功。

1988年,布什参加总统竞选,在8月以前,美国民主党总统候选人杜卡基斯猛烈攻击布什是里根的影子,嘲笑他没有独立的政见和主张。当时布什的形象是灰溜溜的,全美的舆论都称赞杜卡基斯,在民意测验中,布什落后杜卡基斯十多个百分点。于是布什请来了罗杰·艾尔斯。艾尔斯从公众的角度指出了布什的两个毛病:一是讲演不能引人入胜,比较呆板;二是姿态动作不优美,风格不佳,缺乏独立和新颖的魅力。这些缺点导致公众觉得他摆脱不了里根的影子。艾尔斯帮助布什着重纠正尖细的声音、生硬的手势和不够灵活的手臂摆动的动作,并让布什讲话时果断、自信,体现出强烈的自我表现意识,这样的言谈举止才能成为千万人瞩目的中心。在1988年8月举行的共和党新奥尔良全国代表大会上,布什进行了生动、有吸引力的接受提名讲演,这几乎成了同杜卡基斯较量的转折点。经过以后一系列的竞争,布什获得了胜利。

问题思考:

(1) 一个人的仪容仪态为什么如此重要?

(2) 如何塑造优雅的商务形象?

案例三

在一个阳光明媚的秋天,某公司正在举行盛大的商务酒会,时间定在下午两点至五点,场地定在总经理的私人花园内。

问题思考:

(1) 女士应如何穿戴入场?

(2) 男士应该注意哪些服饰礼仪?

三、实训题

1. 化淡妆的训练(男士和女士均作要求)

(1) 目的:使学生了解和掌握化妆的基础知识和基本步骤,提高学生的审美鉴赏能力。

(2) 用具:洗面奶、爽肤水、乳液、面霜、隔离霜、粉底液、遮瑕霜、眼影、眼线笔、眉毛夹、眉笔、睫毛膏、腮红、唇膏等。

2. 服饰搭配的训练

(1) 目的:了解怎样通过简单的修饰、得体的着装塑造自己的专业形象,借此提高学生在服饰文化上的素养及个人的审美品位,可根据不同的服装选择合适的饰物进行搭配。

(2) 用具:胸针、首饰、丝巾、提包、手套、领带等。

3. 站姿、坐姿、走姿及蹲姿的训练

(1) 目的:帮助学生了解与掌握得体的站姿、坐姿、走姿及蹲姿规范,以便在今后的社交活动中树立专业的形象,给人留下美好的印象。

(2) 用具:DVD教学片,桌、椅若干。

第三章 商务见面礼仪

【学习目标】

(1) 了解称呼的正确使用场合,掌握日常工作中的常用称呼。
(2) 了解自我介绍的要求及自我介绍的类型,掌握为他人介绍的顺序。
(3) 掌握握手的正确方法及握手时应注意的事项。
(4) 了解名片的内容及种类,掌握名片交换的正确方法。
(5) 了解商务见面中的其他礼仪,如致意礼、拱手礼、鞠躬礼等。

商务见面礼仪主要包括称呼、介绍、握手、递送名片等礼仪,它是衡量商务人员基本素质的重要指标之一。在商务场合中,商务人员正确运用商务见面礼仪能较好地展现自己的修养,拉近与客人的距离,从而有效地推动商务活动的顺利开展。

第一节 称呼礼仪

称呼,就是对他人的称谓。怎样称呼他人,既能体现出个人的礼貌修养,又能体现出对待他人的态度,同时也反映出二者间关系的远近。在商务活动中,称呼要庄重、正式、规范,一句得体的称呼,既能引起对方的注意,也能很快拉近双方的距离。

一、关于几种称呼的正确使用

合适的称呼不仅要符合对方的身份,而且要能准确地体现双方之间关系的亲疏程度。生活中常见以下几种称呼,对它们应注意正确加以运用。

1. 同志

在我国,同志这个称呼流行于新中国成立后,这一称呼不分男女、长幼、地位高低,除了亲属之外,所有人都可以称同志;现在这一称呼的使用逐渐减少,但对军人和国内的普通公民还是可以使用的。对于儿童,以及具有不同政治信仰、不同国家的人应尽量少用或不用。在我国,就目前的使用情况来看,同志的称呼主要适合于非常正式、严肃的场合,另外,对政府的工作人员可以使用该种称呼。

2. 先生

在我国古代,一般称父兄、老师为先生。在现代,先生一词泛指所有的成年男子。

在西方国家,对成年的男子一般都称呼先生。例如:在美国,对12岁以上的男子就可以称先生;在日本,对身份高的女子也称先生;在我国的知识界,也喜欢对有学问的女子称先生。

3. 老师

在现代社会,老师这一称呼一般用于学校中传授知识的老师。但目前,随着文化传播方式的多元化,老师这一称呼在社会上也变成了泛称,适用于所有文化事业单位的工作人员,尤其在文艺界比较常见。

4. 师傅

师傅这一词原指对工、商、戏剧行业中传授技艺的人的一种尊称,后来泛指对所有艺人的称谓。因为师傅这一词大多用于非知识界的人士,所以一般不用于称呼有职称、有学位的人,否则可能会产生误解,但在我国北方,这一称呼使用得比较频繁,人们对不认识的人都可称之为师傅。

二、日常工作中几种常用的称呼

日常工作中所运用的称呼主要是针对具有特定职务、职称、职业或有特定身份的人的称呼,这种称呼在一定程度上有别于日常生活中所使用的称呼。工作中常用的称呼可以归纳为以下几种。

1. 职务性称呼

在工作中,以交往对象的职务相称,以示身份有别、敬意有加。具体的做法是使用"姓+职务",或者使用"姓名+职务"来进行称呼,如"王局长"、"张经理",或者"王××局长"、"张××经理",而后者仅适用于极其正式的场合。

2. 职称性称呼

在工作中,对于具有中高级职称者,可以直接以其职称相称。具体做法是使用"姓+职称",或者使用"姓名+职称"来进行称呼,如"李教授"、"周工(程师)",或者"李××教授"、"周××工程师",而后者同样是仅适用于极其正式的场合。

3. 学术性称呼

在工作中,以学衔称呼对方,可以增加被称呼者的权威性,有助于增强现场的学术氛围。具体做法是使用"姓+学衔",或者使用"姓名+学衔"来进行称呼,如"黄博士"或"黄×博士"。一般对学士及硕士不用该种称呼。

4. 职业性称呼

在工作中,可以直接以被称呼者的职业称呼对方,如老师、会计、大夫、律师等。具体做法是使用"姓+职业",或者使用"姓名+职业"来进行称呼,如"周老师"、"杨律师",或者"周××老师"、"杨××律师",而后者也是仅适用于极其正式的场合。

5. 同事间称呼

在工作中,对于一般的同事关系,可以直呼"姓名",也可以使用"老(大、小)+姓"

或只呼姓名来进行称呼,如"小胡"、"老刘"、"大李"、"李燕"等,这样显得亲切随和。

三、称呼对方的技巧

在交谈中,称呼对方时要加重语气,称呼完了停顿一会,然后再谈要说的事,这样能引起对方的注意,他会认真地听下去。如果你称呼得很轻又很快,不仅让对方听着不太顺耳,还会听不清楚,就引不起听话者的兴趣,让人感觉你不太注重对方的姓名,而过分强调要谈的事情。所以,一定要把对方的完整称呼认真、清楚、缓慢地讲出来,以显示对对方的尊重。

四、称呼的不当用法

在日常工作中,一定要遵循称呼的礼仪规范,运用正确的称呼方法称呼他人,避免使用不当的称呼,以示对他人的尊重。

一是使用错误的称呼。念错被称呼者的姓名,或者对被称呼者的年纪、辈分、婚否,以及与其他人的关系作出了错误判断。

二是使用不通行的称呼。有些称呼,具有一定的地域性,因此要入乡随俗。比如,北京人爱称人为"师傅",山东人爱称人为"伙计",而在南方人听来,"师傅"等于"出家人","伙计"肯定是"打工仔"。

三是使用过时的称呼。有些称呼,具有一定的时效性,若再采用,难免贻笑大方,如"老爷"、"大人"等。

四是使用不当的行业称呼。这样会让人感觉不被尊重。

五是使用绰号作为称呼。对于关系一般者,切勿自作主张给对方起绰号,不能随意以听来的绰号去称呼对方,更不要随便拿别人的姓名乱开玩笑。

六是使用庸俗低级的称呼。如"哥们"、"姐们"等此类的称呼,显得档次不高。

第二节 介绍礼仪

介绍是人际交往中与他人进行沟通、增进了解、建立联系的一种最基本、最常规的方式,是人与人进行相互沟通的出发点。在商务场合,若能正确地利用介绍艺术,不仅可以展示自我,广交朋友,还可以扩大自己的交际范围。

一、自我介绍

自我介绍既是一种交际礼仪,也是一种交际能力,应该很好地掌握。自我介绍具有内容丰富、形式多样、表达灵活、印象深刻等特点,因此,它的作用也越来越被更多的人所认识。自我介绍的作用主要包括以下三点:一是显示自我推销的能力;二是加深对方对自己的全面了解;三是反映介绍者的文化修养。

(一) 自我介绍的类型

自我介绍的类型主要有以下几种。

1. 工作式自我介绍

工作式自我介绍又称为公务式自我介绍。工作式自我介绍主要适用于工作中,它是以工作为自我介绍的中心。工作式自我介绍的内容应当包括本人姓名、供职的单位及其部门、担任的职务或从事的具体工作三要素。其中,姓名应当一口气报出,不可有姓无名或有名无姓。供职单位及其部门,最好全部报出,但有时具体工作部门也可以暂不报出。另外,有职务最好报出职务,职务较低或无职务者,可把目前所从事的具体工作报出即可。

2. 交流式自我介绍

交流式自我介绍也称为社交式自我介绍或沟通式自我介绍。交流式自我介绍主要是为了达到与交往对象进一步交流与沟通的目的,希望对方认识自己,并有可能与自己建立关系的自我介绍,主要适用于社交活动中。交流式自我介绍的内容应当包括自我介绍者的姓名、工作、籍贯、学历、兴趣,以及与交往对象的某些熟人的关系等。有些时候不需要面面俱到,而应根据具体情况而定。

3. 应酬式自我介绍

应酬式自我介绍适用于各种公共场合和一般的社交场合。如旅行途中、宴会厅里、舞场之上、通电话时,都可以使用这种自我介绍。应酬式自我介绍的对象,主要是进行一般接触的交往对象。对自我介绍者来说,与对方属于泛泛之交,或者双方早已熟悉。进行自我介绍的目的只不过是为了更明确自己的身份而已,因此,这种自我介绍内容要短小精悍。应酬式自我介绍的内容一般只包括姓名与供职单位的介绍。

4. 礼仪式自我介绍

礼仪式自我介绍适用于讲座、报告、演出、各种仪式等一些正规而隆重的场合,它是一种表示对交往对象友好、敬意的自我介绍。礼仪式自我介绍的内容包含姓名、单位、职务等,有时为了符合这些场合的特殊需要还应多加入一些适当的谦辞、敬语,以便营造谦和有礼的交际气氛。

5. 问答式自我介绍

问答式自我介绍讲究有问有答。如某人问:"您好!请问您贵姓?"对方则回答:"您好,免贵姓李,叫李丽。"这种自我介绍方式一般适用于应试、应聘和公务交往。在普通交际场合,也会出现此类方式的问答。

(二) 自我介绍的时机

一般来说,在下面几种场合有必要进行适当的自我介绍。

(1) 因业务关系需要相互认识,进行接洽时可自我介绍。

(2) 第一次登门造访,事先打电话约见,在电话里应自我介绍。

(3) 参加大型聚会时,与不相识的与会者或同席的人互相自我介绍。

(4) 在出差、旅行途中,与他人不期而遇,并且有必要与之进行长时间交谈时,可适当自我介绍。

(5) 初次前往他人居所、办公室时,要自我介绍。

(6) 应聘求职时应先进行自我介绍。

(7) 利用大众传媒,向社会公众进行自我推介、自我宣传时应进行自我介绍。

(8) 应试求学面向主考官时要进行自我介绍。

(三) 自我介绍的要求

在进行自我介绍时,要想取得较好的自我介绍效果,应注意以下事项。

1. 注意时间

进行自我介绍一定要力求简洁,所用时间越短越好,以半分钟左右为佳,如无特殊情况最好不要长于一分钟。为了节省时间,在进行自我介绍时,还可利用名片、介绍信加以辅助。自我介绍应在对方有兴趣、有空闲、情绪好、干扰少、有要求时进行。

2. 讲究态度

在进行自我介绍时,态度一定要自然、友善、亲切、随和,应表达出自己渴望认识对方的真诚情感。自我介绍时应镇定自信、落落大方,语气要自然,语速要正常,语音要清晰,这样有助于给人以好感。相反,如果在进行自我介绍时流露出畏怯和紧张,如结结巴巴、目光游移、面红耳赤、手忙脚乱等则会被他人轻视,彼此间的沟通便有了阻隔。

3. 注重内容

自我介绍的内容包括三项基本要素:本人的姓名、供职的单位及具体部门、担任的职务或所从事的具体工作。这三项要素在自我介绍时应一口气连续报出,这样既有助于给人以完整的印象,又可以节省时间,不说废话。自我介绍要真实诚恳、实事求是,不可自吹自擂、夸大其词。

4. 注重方法

进行自我介绍时,应先向对方点头致意,得到回应后再向对方介绍自己。如果有介绍人在场,自我介绍则被视为不礼貌的行为,应善于利用眼神表达自己的友善,表达关心及沟通的渴望。如果你想认识某人,最好预先获得一些有关他的资料或情况,诸如性格、特长及兴趣爱好,这样在自我介绍后,便很容易融洽交谈。在获得对方的姓名之后,不妨口头加重语气重复一次,因为每个人最乐意听到自己的名字。

二、为他人介绍

在商务场合,对于互不相识的人,常常是通过第三者进行相互介绍的。为他人介绍,首先要了解双方是否有结识的愿望,介绍要慎重、自然,不要贸然行事,否则可能会导致某一方的尴尬或不快。

（一）为他人介绍的类型

根据介绍的场合及对象，为他人介绍可分为正式介绍和非正式介绍两种。

正式介绍是指在较为正规、郑重的场合进行的介绍。

非正式介绍是指在一般的、非正规场合中进行的介绍。在这种场合，不必过分拘于礼节，完全可以依你与双方关系的密切程度和当时的情形，做较为随便的介绍。介绍的语言也比较简单、活泼。

（二）为他人介绍的要求

为他人做介绍时，应注意遵循以下礼仪规范。

1. 注意礼节

介绍前可说一句："请允许我来介绍一下。"使双方有思想准备，不至于感到突然。介绍时不能含糊其辞，表达要清楚明了，以免被介绍的双方记不清或记错对方的姓名。不要用手指向别人，要礼貌地以手示意。同时，要避免过分赞扬一个人，以免被介绍人尴尬及给人造成"拍马屁"的不良印象。

2. 讲究顺序

为他人做介绍时，应遵循"尊者优先了解情况"的原则，即先介绍男士，后介绍女士；先介绍下级，后介绍上级；先介绍年轻者，后介绍年长者；先介绍未婚者，后介绍已婚者；先介绍主人，后介绍来宾；先介绍同事，后介绍客户；先介绍家人，后介绍同事、朋友；先介绍后到者，后介绍先到者。性别与地位发生不一致时，应按地位顺序来介绍，同辈、同性之间可平等介绍。当丈夫向他人介绍自己的妻子时，不论他人是男是女，都应先将对方介绍给自己的妻子；当妻子向他人介绍自己的丈夫时，不论他人是男是女，都应先将自己的丈夫介绍给对方。

3. 注意称谓

在交际场合中，常见的称呼有"先生"、"小姐"、"夫人"和"女士"。如果某人有官衔或职称（如"局长"、"教授"等）则称呼其官衔、职称更显尊敬，但不能既称先生又加头衔（如"教授先生"、"局长先生"等）。在介绍家庭成员时，注意不要称自己的妻子为"夫人"或称自己的丈夫为"先生"，应该直截了当地说，"这是我妻子"或"这是我丈夫"，也不要使用"爱人"来介绍自己的配偶。当介绍家庭的其他亲属时，应说清楚亲属和自己的关系。此外，在做介绍前，如果不知道某人的名字，最好是先找其他人了解一下，不要鲁莽地问别人："你叫什么名字？"除非不得已要问，也应委婉地说："对不起，不知该怎么称呼您。"

（三）集体介绍

集体介绍是他人介绍的一种特殊形式，是指介绍者为他人做介绍时，被介绍者其中一方或双方不止一人,甚至是许多人。

在做集体介绍时也应按一定的顺序进行。

1. 将一人介绍给大家

在被介绍者双方地位、身份大致相似,或者难以确定时,应使一人礼让多数人,人数较少的一方礼让人数较多的一方。

2. 将大家介绍给一人

若被介绍者在地位、身份之间存在明显差异,特别是当这些差异表现为年龄、性别、婚否、师生及职务有别时,地位、身份明显高者即使人数较少,甚至仅为一人,仍然应被置于尊贵的位置,应先介绍人数多的一方,再介绍地位、身份高的一方。

3. 人数较多的双方介绍

若需要介绍的一方人数不止一人,可采取笼统的方法进行介绍,如可以说:"这是我的家人","她们都是我的同事"等。

4. 人数较多的多方介绍

当被介绍者不止两方,在介绍时应根据合乎礼仪的顺序,确定各方的尊卑,依据前述礼仪规则,按顺序介绍各方。

(四)被人介绍时的表现

被介绍时,除年长者外,男士一般应起立,但在宴会时、会谈时则不必,只要微笑点头示意即可。当女士被介绍给男士时,可以坐着不动,只需点头或微笑示意。介绍后,一般要互相握手、微笑并互致问候,在需要表示庄严、郑重和特别客气的场合时还可以在问候的同时微微欠身鞠躬,握手与否都可以。

第三节 握手礼仪

见面的礼仪多种多样,其中握手是国际上最通用的礼节。在商务活动中,握手是使用最多的也是最灵活的行为语言,有极强的表现力。握手的力量、姿势与时间的长短往往能够表达握手人对对方的礼遇与态度,显露自己的个性,给人留下不同印象;同时,也可以通过握手来了解对方的个性,从而赢得交际的主动。因此,大方优雅地与人握手,也是一种交际艺术。

一、握手的姿势

标准的握手姿势是距离受礼者约一步,双腿立正,上身要略微前倾,头要微低,双目凝视对方,面带笑容,伸出右手,四指并拢,拇指张开稍用力度与对方相握,持续 $1\sim3$ s,上下微微抖动 $3\sim4$ 次,随即松开手。在握手的同时,还应向对方表示问候。对于久别重逢的朋友、熟人、熟悉的客户,握手的力度可大一些、时间长一些,还可同时伸出左手握住对方右手的手背。

二、握手的方式

在商务活动中,握手的方式体现了个人的性格及态度,也向被握者传达了一定的信息。握手的方式大体可分为以下几种。

1. 对等式握手

对等式握手也是标准的握手方式。握手时,两人伸出的掌心都不约而同地向着左方,或者说是到了最后都不得不将掌心向着左方。这种握手方式多见于双方社会地位都不相上下时,是一种单纯、礼节性的握手方式。

2. 支配式握手

支配式握手也称"控制"式握手。用掌心向下或向左下的姿势握住对方的手。以这种方式握手的人一般是想表达自己的优势、主动、傲慢或支配地位。

3. 谦恭式握手

谦恭式握手也称"乞讨"式握手或顺从型握手。用掌心向上或向左上的手势与对方握手。用这种方式握手的人往往性格软弱,处于被动、劣势地位。

4. 双握式握手

美国人称政客式握手。在用右手紧握对方右手的同时,再用左手加握对方的手背、前臂、上臂或肩部。使用这种握手样式的人是在表达一种热情真挚、诚实可靠,显示自己对对方的信赖和友谊。从手背开始,对对方的加握部位越高,其热情友好的程度显得也就越高。

5. "死鱼"式握手

"死鱼"式握手是指握手时伸出一只无任何力度、质感,不显示任何信息的手,给人的感觉就好像是握住一条三伏天腐烂的死鱼。这种人的特点如不是生性懦弱,就是对人冷漠无情,待人接物消极傲慢。假如你和这样的人握手,那你就一般不要指望他会热情地为你办事。

6. 捏手指式握手

采用捏手指式握手方式时,不是两手的虎口相触对握,而是有意或无意地只捏住对方的几个手指或手指尖部。女性与男性握手时,为了表示自己的矜持与稳重,常采取这种样式。如果是同性别的人之间这样握手,就显得有几分冷淡与生疏。

三、握手的礼规

握手是商务交往中常用的礼节,看似简单,却包含了丰富的礼仪规范。遵循并正确运用握手的礼仪规范不仅会给对方留下良好的印象,更能为下一步交往打下基础。

1. 握手的次序

握手应遵循尊者为先的原则,一般来说,主人、长辈、上司、女士主动伸出手,客人、晚辈、下属、男士再相迎握手。在公务场合,握手时伸手的先后次序主要取决于职位、身份,而在社交、休闲场合,则主要取决于年龄、性别、婚否。在接待来访者时,特别要注意先后次序的问题:当客人抵达时,应由主人先伸手与客人相握,以示欢迎;而在客人告辞时,应由客人先伸手与主人相握,以表示感谢和再见。这一次序如果颠倒,就容易让人产生误解。男女之间,女性伸出手后,男性才能伸手相握。如果男性年长,是女性的父辈年龄,在一般的社交场合中仍以女性先伸手为主,但如果男性已是祖辈年龄,或者女性未成年,则男性先伸手是适宜的。应当强调的是,上述握手的先后次序并非是一成不变的,当有人忽略了握手礼的先后次序而已经伸出手,对方都应不迟疑地回握。

2. 握手的力度

握手的力度要适度。如果手指轻轻一碰,刚刚触及就离开,或者是懒懒地、慢慢地相握,缺少应有的力度,都会给人勉强应付、不尊重的感觉。一般来说,手握得紧是表示热情。男性之间可以握得较紧,或者在右手相握时,左手又握住对方胳膊肘、小臂甚至肩膀。但是应注意不能握得太用力,使人感到疼痛。对女性或陌生人,重握是很不礼貌的,尤其是男性与女性握手时。

3. 握手的时间

握手的时间一般以 1~3 s 为宜,通常是握紧后打过招呼即松开。在亲密朋友相遇时,或者衷心感谢难以表达等场合,握手时间就长一点,甚至可以紧握不放。在公共场合,如列队迎接外宾,握手的时间一般较短。握手的时间应根据与对方的亲密程度而定。

4. 握手的禁忌

在行握手礼时,还要注意一些禁忌。例如:无论对方是否应该先伸手,都应马上伸手与之相握,拒绝对方主动要求握手的举动是无礼的,但手上有水或不干净时,应谢绝握手,同时必须解释并致歉;不要戴着帽子或手套握手,在社交场合女士的晚礼服手套除外;多人同时握手时,不要争先恐后,而应当遵守秩序,依次而行,握手时间应大体相等,不要给人以厚此薄彼的感觉。另外,还要避免交叉握手;不要在握手时戴着墨镜;不要用左手握手;不要在握手时另外一只手依旧拿着香烟、报刊、公文包、行李等东西或插在衣袋里;不要在握手时面无表情,好似纯粹是为了应付;不要在握手时把对方的手拉过来、推过去,或者上下、左右抖个没完;不要在握手时长篇大论,没完没了,让对方不自在、不舒服;不要在与人握手之后立即擦拭自己的手掌,这样做是很不礼貌的;除非是年老体弱或身体有残疾的人,握手时双方应当站着而不能坐着握手。

第四节 名片礼仪

名片是现代社会中必不可少的社交工具。在商务活动中,名片的用途十分广泛,因此,熟悉和掌握名片的有关礼仪是十分重要的,名片的接、送、放、用都要讲究礼仪,它能体现出一个人的修养。

一、名片的内容

商务活动中所用的名片内容往往有三大要素，每个要素又有三个要点。

第一大要素的内容一般放在名片的左上角，这个位置称为归属。它一般包括三个要点：一是所属单位的全称；二是所在的部门，如销售部、广告部、公关部、财务部等；三是单位标志，也就是单位的徽记。

第二大要素的内容印在名片的正中间，这是名片最重要的内容，即称谓。称谓包括姓名、职务和学术技术职称等。这里需要注意两个问题：一是如果对方所递的名片上没头衔就不要另行询问；二是如果头衔很多，则印上一两个主要的即可，无须太多。

第三大要素的内容一般印在名片的右下角，即联络方式。联络方式包括以下三点：详细地址、邮政编码和办公室电话。随着通信方式的日益多元化，名片有时也会印上移动电话和电子邮箱等。

在实际生活和商务交往中，名片的设计多样、制作美观，往往不一定完全符合上述要求，但万变不离其宗，名片所包含的内容应清晰易辨，让接受名片的人一目了然。此外，在涉外商务活动中，中文和外文名片要各印一面。

二、名片的种类

根据名片的用途不同，名片的种类也不同。从个人日常生活使用的名片来看，名片可分为应酬名片、社交名片、公务名片和单位名片。在不同的场合和对不同的交往对象，可使用不同的名片。

1. 应酬名片

应酬名片的内容通常只有个人姓名一项，这种名片主要适合于社交场合一般性的应酬，拜会他人时说明身份，馈赠时代替礼单，以及用做便条或短信。

2. 社交名片

社交名片主要适用于社交场合，用做自我介绍与保持联络用，其内容有姓名及联络方式两项。根据需要，联络方式也可包括家庭住址及电话、邮编等。

3. 公务名片

公务名片是指在政务、商务、学术、服务等正式的业务交往中使用的个人名片。它是目前最为常见、使用最广泛的一种个人名片。标准的公务名片应该包括所在单位、个人称呼、联络方式三项。

4. 单位名片

单位名片又称企业名片，只用于单位对外宣传、推广活动。其内容包含两项：一是单位的全称与标志；二是单位的联络方式，包括单位地址、单位电话、单位邮编等。

三、名片的交换

在商务交往过程中,双方初次见面的时候一般会互相交换名片,因此,参加商务活动时,必须随身携带名片。在名片交换过程中,递送名片及接受名片都有相应的礼仪要求。

(一)名片的递送

1. 名片递送的顺序

名片的递送应在介绍过程完毕之后,在尚未弄清对方身份时,不应急于递送名片,更不要把名片随便散发。当把名片递与他人时需要做到以下两点。一要做到尊卑有序,即地位低的人先把名片递给地位高的人,如男士先递给女士、晚辈先递给长辈、下级先递给上级。二要循序渐进:一种是常规的做法,即按照职务高低进行,如王总经理、李副总经理、部门张经理、何秘书四个人,对他们四人可按照职务高低依次发放名片;当不知道对方职务时,可以采取第二种做法,即由近而远,谁离得近先给谁,切勿跳跃式地发放,以免令对方有厚此薄彼之感,如果就座的是圆桌,一般按顺时针方向发送名片。

2. 名片递送的方法

递送名片时,应将名片正面向上,双手食指和拇指执名片的两角,以文字正向对方,同时,上身微向前倾斜,眼睛注视对方,面带微笑,一边递送名片,一边自我介绍,并大方地说"这是我的名片,请多多关照"等。要注意的是,在递送名片时,不要将名片高举过胸部,如果名片上有生僻字,则应在自我介绍时说明。

3. 名片递送的时机

名片的递送可在刚见面或告别时,如果自己即将发表意见,则在说话之前将名片递给周围的人,以方便大家认识自己。应当谨记的是,无论参加私人餐宴或商业餐宴,名片皆不可在就餐时发送。

4. 名片递送的禁忌

在递送名片时,除了要了解名片递送的顺序、方法及时机外,要使对方接受并收到较好的效果,还应注意以下几个事项。

(1)除非对方要求,一般不要在年长的主管或上级面前主动出示名片。

(2)对于陌生人或巧遇不熟悉的人,不要在谈话中过早地发送名片。因为这种热情一方面会打扰别人,另一方面还有过分推销自己之嫌。

(3)不要在一群陌生人中到处传发自己的名片,这会让人误以为你想推销什么物品,反而不受重视。在商业社交活动中,尤其要有选择地提供名片,才不致使人误解你的主要意图是替单位搞宣传、拉业务。

(4)把名片递给他人时,一般的做法是拿着名片的两个上角双手递与,或者用右手递给他人,左手递名片在很多国家是不被接受的做法。

（二）名片的接受

接受名片时也应讲究一定的礼仪规范，是否遵循接受名片的礼仪规范，也体现了名片接受者的基本素养。在接受名片时，应注意以下事项。

（1）要起身迎接，上身微向对方倾斜，面带微笑，双手接过名片。名片上印的是对方的名字，你对名片的重视就是对名片主人的重视。

（2）接受名片后要表示谢意。

（3）接受对方的名片后，一定要及时地回赠对方。如果没带，可以先跟对方声明一下，给对方一个交代。如果差不多同时递交名片，自己的应从对方的稍下方递过去，同时用左手接过对方的名片。

（4）拿到对方的名片后，应认真阅读对方的姓名、职务、机构，然后再注视一下对方，以示尊重，也能将名片与人联系起来，以便更快地认识对方。有不认识的字应马上询问，不可拿着对方的名片玩弄。

（5）接受名片后要把对方的名片收藏到位。一是现场收藏，如同时收到多张名片，应将名片依次叠放在桌上，名片的顶端冲着相应的人，字的正面对着自己；或者把对方的名片拿过来之后放在自己的名片包或上衣口袋里，给别人一种被重视的感觉。二是过后收藏，回去后将名片放在办公室的抽屉里或放在专门的地方，以便日后方便查找使用。

（三）名片的索取

在一般场合，不提倡主动索要名片，但在商务活动中，多要一张名片就可能多一份商机。索要名片有以下三种方式。第一种方式是主动把名片递与对方。想索要某人的名片，其实最省事的办法就是把名片递给他。第二种方式是可以明确索取，但这一般用在相熟的人之间。比如，说："李老师，好久没见了，我们交换一下名片吧。"第三种方式是可以讲究一下策略，如在商务场合，你想索要某人的名片，可以说"知道您是营销方面的专家，听过您的讲座，非常受启发，不知以后能否有机会向您请教。"等比较委婉的话，如果对方有意，那就会递与名片。交换名片实际上是一个博弈的问题，如果都能做到进退有方，就是很好地掌握了索取名片的艺术。

四、名片的使用技巧

在商务交往中，名片是人脉管理中的重要资源。使用和管理好自己和他人的名片，能让自己的人脉资源得到扩展，从而助事业一臂之力。

1. 接受名片后应适当联系

当与他人在不同的场合交换名片后，应详尽记录与对方会面的人、事、时间等。活动结束后，应回忆一下刚刚认识的重要人物，记住他的姓名、职务、行业等。必要的话，可在第二天或两三天之后主动打电话或发电子邮件，向对方表示结识的高兴，或者回忆相互认识时的愉快细节,让对方加深对你的印象和了解。

2. 对名片进行分类管理

可以对名片的主人按地域分类,如按省份、城市等分类;还可以按人脉资源的性质分类,如按同学、客户专家等分类;也可以按行业分类,如按教育、媒体等分类。

3. 养成经常翻看名片的习惯

工作的间隙翻看一下整理好的名片档案,给对方打一个问候的电话,发一个祝福的短信等,会让对方感觉到你对他的关心与尊重。

4. 定期对名片进行清理

应定期对手中的名片与相关数据资源进行一次全面整理,依照重要性及相互联系的几率等将其分成三类,即长期保留的、暂时保留的和确定不要的。

第五节 商务见面的其他常用礼仪

在商务见面中,除了应掌握前面所谈及的称呼、介绍、握手及名片使用礼仪之外,还应了解商务见面的其他常用礼仪。

一、致意礼

致意是一种常用的表示问候的礼节,用于相互认识的熟人之间,在各种场合都可使用。致意的方式有以下两种。一是举手致意。在遇到熟人又距离较远时,一般不出声,举起右手,手臂伸直,掌心朝向对方,轻轻摆一下手。二是点头致意。在会议、会谈进行过程中,与相认识者在同一地点多次见面,或者仅有一面之交者,在社交场合相逢,都可以点头为礼。行致意礼时,一般应是男士先向女士、年轻者先向年长者、下级先向上级、主人先向客人致意。遇到身份较高者,应在对方没有应酬或应酬告一段落后,再上前致意。女士无论在什么场合,无论年龄大小,只需点头或微笑致意。

二、拱手礼

拱手礼又称作揖礼,是中国古老的礼仪方式,已有两千多年的历史,是我国传统的礼节之一,常在人们相见时采用,即两手握拳,右手抱左手。行礼时,不分尊卑,拱手齐眉,上下略摇动几下,重礼可作揖后鞠躬。目前,它主要用于佳节团拜活动、元旦春节等节日的相互祝贺,也有用在开订货会、产品鉴定会等业务会议时,厂长、经理们相互拱手致意。

三、鞠躬礼

鞠躬是人们在生活中用来表示对别人恭敬而普遍使用的一种礼节,它既适用于庄严肃穆的喜庆场合,又适用于一般的社交场合。鞠躬礼分为以下两种。一种是三鞠躬,也称最敬礼。行礼前,应脱帽、摘下围巾,身体立正,目光平视。行礼时,身体上部向前下弯约90°,然后即恢复原状,这样连续做三次。另一种是一鞠躬,几乎适用于一切社交场合。如晚辈对长辈、学生对老师、下级对上级或同事之间,以及演讲者、表演者对听众、观众等都可以行一鞠躬。行礼时,身体上部向前倾斜约15°,随即恢复原态,只做一次,受礼者应随即还礼,但长辈对晚辈、上级对下级不鞠躬,欠身点头还礼即可。

在我国,鞠躬礼主要适用于演员谢幕、举行婚礼、参加悼念活动和演讲的前后。

四、拥抱礼

拥抱礼是流行于欧美的一种礼仪,通常与接吻礼同时进行。

拥抱礼的行礼方法:两人相对而立,右臂向上,左臂向下,右手放在对方左后肩,左手扶在对方右后腰,双方头部及上身均向左相互拥抱,然后再向右拥抱,最后再次向左拥抱,礼毕。

五、亲吻礼

在礼仪规范中,亲吻礼有以下两种形式。

一是吻手礼。在西方国家,男士同上层社会贵族妇女相见时,如果女士先伸出手做下垂式,男士则可将指尖轻轻提起吻之;如果女士不伸手表示,则不吻。如女士地位较高,男士要屈一膝做半跪式,再提手吻之。此礼在英、法两国最流行。

二是接吻礼。接吻礼多见于西方、东欧及阿拉伯国家,是亲人及亲密的朋友间表示亲昵、慰问、爱抚的一种礼,通常是在受礼者脸上或额上吻一下。接吻方式如下:父母与子女之间是亲脸、亲额头;兄弟姐妹、平辈亲友之间是贴面颊;亲人、熟人之间是拥抱、亲脸、贴面颊。在公共场合,关系亲近的妇女之间是亲脸,男女之间是贴面颊,长辈对晚辈一般是亲额头,只有情人或夫妻之间才可以亲嘴。

六、合十礼

合十礼又称合掌礼,流行于南亚和东南亚信奉佛教的国家。其行礼方法如下:两个手掌在胸前对合,掌尖和鼻尖基本相对,手掌向外倾斜,头略低,面带微笑。

七、举手礼

举手礼主要是世界各国军人见面时的专用礼节,起源于中世纪的欧洲。当时的骑士们常常在公主和贵族们面前比武,在经过公主的座位时要唱赞歌,歌词往往把公主比成光芒四射的美丽的太阳,因而武士们看公主时总要把手举到额前做遮挡太阳的姿势,这就是举手礼的由来。行举手礼时,要举右手,手指伸直并齐,指尖接触帽檐右侧,手掌微向外,右上臂与肩齐高,双目注视对方,待受礼者答礼后方可将手放下。

【复习思考题】

一、思考题
（1）自我介绍的类型有哪些？按不同类型分别为自己写一份自我介绍。
（2）为他人做介绍时应注意哪些礼规？
（3）标准的握手姿势是怎样的？握手的基本礼规有哪些？
（4）握手的禁忌有哪些？
（5）名片的内容包括哪些要素？名片的类型有哪几种？
（6）名片的递接过程中应讲究哪些礼规？

二、案例题

案例一

李强刚进公司时被安排在销售部工作，在他上班不久，销售部就派他前往宏鑫公司洽谈业务。由于他刚从学校毕业，没有社会实践经验，在跟对方负责人谈了半个小时后，对方负责人竟然连他姓什么还不知道，负责人忍耐了半天，实在忍不住只好问："先生，冒昧地问一句，请问怎么称呼您？"李强这才想起他是第一次跟这位负责人见面："不好意思，刚才我忘记介绍自己了，免贵姓李。"对方负责人心想这人肯定是新手，办事不牢靠，便说："对不起，我们公司目前不需要贵公司的产品，以后需要的时候一定再联系您。"

问题思考：
（1）李强失败的原因有哪些？
（2）作为即将步入社会的大学生，怎样才能给别人留下良好的第一印象？

案例二

张祥大学毕业刚走上工作岗位不久，就接到了一份大订单，这份订单如果能够拿下，今年他就可以完成当年销售额的60%，张祥为此做了很多工作。今天是对方约张祥商谈订单的日子，张祥为此做了精心准备，一切准备妥当，他准时到达对方单位，见到了对方单位的供应科李科长，张祥与供应科李科长是首次见面，张祥一见李科长马上上前握手，他热情有力地摇晃着李科长的手说："见到您太高兴了，请多关照。"入座后，张祥马上拿出自己的名片，李科长与他交换了名片，张祥接过李科长的名片，仔细看了看后，放在桌上，双方就订单的具体事宜又再次进行了沟通，兴奋不已的张祥在商谈结束后，把材料放回公文包，却将李科长的名片忘拿了，与对方告别后，兴冲冲地赶回公司向总经理汇报。不料，张祥回到公司向总经理汇报时，总经理很生气地告诉他，这份订单交给他们部门经理去做了，张祥不明白这是为什么？

问题思考：
（1）张祥在拜访李科长的过程中有哪些不当之处？
（2）张祥失去这份订单的深层次的原因是什么？

案例三

王先生待人热情、工作出色,因而很受公司领导的重用。一次,公司派他和另外几名同事一道前往东南亚某国洽谈业务,由于王先生一次小的疏忽,差点导致业务洽谈失败。原来,当王先生和他的同事到达目的地时,受到了东道主的热情招待,在为他们举行的欢迎会上,主人特意邀请了自己的一些朋友一起作陪。当主人的朋友赶到欢迎会的现场时,正好遇到王先生从洗手间出来,主人为他们做相互介绍后,王先生非常热情地伸出湿漉漉的手要与对方握手,主人的朋友非常不情愿地伸手与之相握,见到此情景主人也感到很尴尬。

问题思考:
(1) 主人的朋友为什么非常不情愿与王先生握手?
(2) 在哪些情况下可以不用握手?

三、实训题

(1) 在班级中要求每三位同学一组,其中一人扮演介绍者,另外两位同学扮演被介绍者。然后进行角色转换,轮流练习。

(2) 在班级中每两位同学一组,扮演各种身份,练习握手时伸手的顺序及握手的方式。然后同学间轮流交叉练习。

(3) 在班级中要求每位同学为自己设计一张名片,然后每两位同学一组,练习名片的交换方法。

(4) 在班级中要求每三位同学一组,假设其中两人为同一公司的成员,分别为经理和秘书,另一人是来公司洽谈业务的客户,要求模拟当客户到达公司之后三人之间进行的致意、介绍、握手、交换名片、交谈、道别等场景。

第四章 商务接待拜访礼仪

【学习目标】

(1) 掌握商务活动中的迎客、待客和送客的礼仪规范,并按照礼仪规范要求开展商务接待活动。

(2) 掌握商务活动中的办公室拜访和到家中拜访的礼仪规范,并依据商务拜访礼仪规范进行办公室拜访。

(3) 了解如何为商务拜访选择礼品并用恰当的方式赠送。

随着企业业务往来的增加及对外交往的扩大,企业的接待及拜访工作的重要性越来越明显。令人满意的接待拜访礼仪,对于建立联系、发展友情、促进合作有着重要的意义。

第一节 商务接待礼仪

商务接待礼仪是商务活动中迎送客人的一整套行为规范。接待是树立组织形象的机会,是建立良好关系的契机,因此,接待中的礼仪是商务活动成功的不可缺少的因素。下面按商务接待活动的顺序,对迎客、待客和送客三个阶段的礼仪进行介绍。

一、迎客礼仪

在商务交往中,对于如约而至的客人,特别是贵客或远道而来的客人,要特别注意迎客的礼仪规范,恰当地表达出接待方的热情、友好与尊重。

(一)迎客准备

1. 接待人员的准备

接待人员要品貌端正,举止大方,口齿清楚,具有一定的文化素养,受过专门的礼仪训练,服饰整洁、端庄、得体、高雅,根据来访者的地位、身份等确定相应的接待规格和程序,并协调好内部事务。

2. 接待用品的准备

(1) 饮品的准备 一般情况下,要多准备几种饮品,以示热忱,同时又给客人以选择的余地。

(2) 尽可能了解客人的基本情况　如了解客人的单位、姓名、性别、职务、人数,以及来访的目的和要求,问清客人到达的时间、车次或航班。

(3) 相关材料的准备　根据对方的要求和相关事务的要求,准备好相关材料。

(二) 迎接客人

1. 安排迎接

安排与客人身份、职务相当的人员至机场、车站、码头迎接客人。如果客人的身份地位超过公司负责人,一定要由公司负责人亲自迎接。如果相应身份的人员不能前往迎接,接待人员应向客人进行解释,以免造成对方的误解。

2. 恭候客人

接待人员一般要提前 15 min 到达机场或车站迎候客人,不能让客人在那里等接待人员。有时考虑到飞机可能提前到达,需要提前半个小时到达机场。在迎候地点人声嘈杂或客人甚多时,可事先准备好一块牌子,写明"欢迎×××光临",客人的名字要写得尽可能大些。

3. 问候客人

接到客人后,接待人员应马上行握手礼,并进行问候,如"您一路辛苦了"、"欢迎您的到来"之类的话,然后立即自我介绍,如有名片更好。如果客人不知道怎样称呼,可主动介绍说:"就叫我小刘好了。"

4. 帮提行李

接待人员要主动代为提拎客人所带箱包、行李,但不要代背女士随身的小提包。客人有托运的物品,接待人员应主动为其办理领取手续。

5. 引导乘车

引导客人乘坐事先准备好的汽车,特别要注意座次的礼仪,一般来说,座位的尊卑以座位的舒适和上下车的方便为标准。

专职司机驾驶时,小轿车的座位以后排右侧为上座,左侧次之,中间座位再次之,前排右侧再次之。如果公司负责人陪车,应请客人坐在公司负责人的右侧;如果是三排座的轿车,译员或随从人员坐在公司负责人的前面;如果是二排座,译员或随从人员坐在司机旁边。上车时请客人从右侧门上车,公司负责人从左侧门上车以免烦劳客人避让。有时候,出于安全考虑,也会请贵客坐在司机后面,也就是后排邻窗左座。

公司负责人亲自驾驶时,副驾驶座为首位,后排右侧次之,左侧再次之,而后排中间座为末席。客人只有一个,应坐在公司负责人旁边;若同坐多位客人,中途坐前座的客人下车后,在后面坐的客人应改坐前座,这项礼节最易疏忽。

还有一种原则是根据客人自己的喜好而定,客人愿意坐哪里,哪里就是上座。

女士上车时不要一只脚先踏入车内,然后钻进车内,也不要爬进车里,应先站在座位边上,把身体降低,让臀部坐到位子上,再将双腿一起收进车里,双膝一定要保持合并的姿势;下车时,先将身体移至车门附近,然后打开车门,移动双腿,当脚放在地上后,借助手臂撑车门和座位的力量站起身来,站稳后,向外侧后退两步,让出车门并随手带上车门,然后离开,这样可显示身姿优雅、姿态从容。

(三)安排住宿

接待人员应提前为客人安排好住宿,帮助客人办理好一切手续并陪同客人进房间,同时向客人介绍住处的服务、设施,将活动的计划、日程安排交给客人,不要立即离开,应陪客人稍作停留,热情交谈,比如向客人介绍当地风土民情、自然景观、特产、最佳购物场所、物价等。为让客人早些休息,接待人员不宜久留,告别时应留下联系方式,并把准备好的地图或旅游图、名胜古迹介绍等材料送给客人。

(四)引导客人

接待人员带领客人到达目的地,应该有正确的引导方法和姿势。

1. 行进中的引导

接待人员走在客人的左前方两三步远的地方,半侧着身子引导客人,偶尔看一下,确认客人已跟上。进行引领时,使用"请跟我来"、"请这边走"等礼貌用语,辅以必要手势,当转弯时,要招呼一声说"请往这边走",遇有台阶要提醒客人"当心脚下",引导中也可以简要介绍本单位的一些情况。

2. 上下楼梯的引导

当引导客人上楼时,若客人知道前行方向,应让客人走在前面,且靠扶手一边,接待人员走在后面;若是下楼时,则应该由接待人员走在前面,客人在后面。需要强调的是,如果接待的客人是一位身着短裙的女士,上楼时接待人员要走在女士前方侧面,这样不会使女士感到不便。

3. 出入电梯的引导

引导客人乘坐电梯时,接待人员先按呼梯按钮,当看到电梯内无人值守时,接待人员应先进入电梯,一手按"开门"按钮,另一手按住电梯一侧门,有礼貌地请客人进入。若电梯行进期间有其他人员进入,接待人员可主动询问要去几楼,帮忙按下,在电梯内尽量侧身面对客人。到达目的楼层后,接待人员应一手按住"开门"按钮,另一手做请出的动作,可说:"到了,您先请!"客人走出电梯后,自己立刻步出电梯,并热诚地引导其行进的方向。

4. 出入房门的引导

在出入房门时,接待人员要主动为客人开门或关门。此刻,接待人员可以先行一步,为客人推开或拉开房门,请客人入内。如果是朝里开的弹簧门,接待人员应先推门进入,然后扶门,请客人进入后方可松手。

5. 入座的引导

进入房间以后,要引导客人入座,一般遵循"以右为上"、"以远为上"、"面门为上"、"内侧高于外侧"及"居中为上"的原则并恰当运用。有椅子与沙发两种座位时,沙发是上座;如果有一边有窗,能看见窗外景色者即为上座。就座的时候一般要求同时就座,特别是当客人和接待人员的身份相仿时,双方可以同时就座,以示关系平等;如果客人的身份高于接待人员,应当由客人先就座,以示尊重。

二、待客礼仪

每一项商务接待活动,都要以实现来宾的目的和企业的公关期望为原则,充分考虑到各方面的细节,才能周到地接待好来宾,对外树立良好的形象。

(一) 环境布置

办公室是企业的门面,对于来访者来说,能够形成对企业的第一印象。办公室的布置不同于家庭、酒店的布置,它的设计风格应该严肃、整洁、高雅、安全。

1. 办公室布置

(1) 有鲜明的标志 办公室应有鲜明的标志,在对外的房门上或门旁可以挂上一个醒目、美观的标牌,这也是企业形象的标志,以醒目地指示来访者,便于来访者前去办理业务。

(2) 办公桌的摆放 办公桌应放在房间内采光条件较好、正对门口的地方,与窗户保持 1.5~2 m 的距离,让光线从左方射进来,以合乎用眼卫生。如果是多人的办公室,可采用不同规格的隔板,把各个工作人员的办公区域分隔开来,以保持各自工作区域的独立,保证彼此的办公不受影响,提高工作效率。

(3) 适当地装点美化 根据工作性质和整个公司、企业的经营宗旨,以及企业形象和办公室的空间大小,可选择一些风景画、盆景、有特殊意义的照片、名人的字画、企业的徽标等作为办公室的装饰,以优雅、和谐、轻松、宁静等情调为主,创造浓厚的企业文化气息和使主客心情愉快地交流信息的环境。

(4) 注意室内卫生、整洁 地板、天花板、走道要定期打扫,玻璃、门窗、办公桌要擦洗干净。办公桌的桌面上只放必要的办公用品、文具,为使用方便,可准备多种笔具:毛笔、自来水笔、圆珠笔、铅笔等,笔应放进笔筒而不是散放在桌上。办公桌上的玻璃板下,主要放与工作有关的文字及数字资料,不应放太多的家人的照片;不要将杂志、报纸、餐具、皮包等物品放在桌面上;除特殊情况,办公桌上不放水杯或茶具。招待客人的水杯、茶具应放到专门饮水的地方,有条件的应放进会客室。文件应及时按类按月归档,装订整理好后,放入文件柜。正在办理的文件下班后应锁入办公桌内,以保持桌面整洁。

2. 接待场所的布置

(1) 光线色彩 接待来宾,一般都在室内,光线尽量使用自然光,窗帘选用百叶窗或浅色窗帘,风格上既庄重又大方,色彩最好是遵循三色原则,以乳白、淡蓝、淡绿等浅色系为主。

(2) 室内摆设　接待室一般放置必要的设备即可,如桌椅和音响设备、投影仪之类,装饰类可以放置盆花或插花、奖状、奖杯、锦旗等,墙壁的装饰可以选择字画类,以励志主题为主,不宜放置私人物品或宗教类的物品。房间内最好装有空调来调节室温,湿度在50%左右,如果是朝阳的房间应注意加湿处理。

(3) 安静卫生　正式的商务接待要避免周围环境的打扰,待客地点要安静、卫生。地面可以铺设地毯,减轻走动声音,窗户安装隔音设施,茶几上放杯垫,门轴经常润滑,这些都是避免噪音的方法。待客的环境要保持空气清新,地面清洁无尘,窗明几净。

(二) 待客程序

1. 恭候客人

在接待工作中,对如约而来的客人或远道而来的客人,表示热情、友好的最佳方式就是派专人迎接,提前在公司的迎门位置或是电梯间出口等适当的地点恭候客人到来。恭候客人时应保持饱满的精神,面带微笑。

2. 主动招呼

客人来访时,接待人员必须站起来向来访者问候,比如"欢迎"、"欢迎光临"、"让您老远赶来,一路辛苦了",以愉快的心情向来访者打招呼。

3. 奉茶礼仪

客人坐定后,接待人员应为客人送上茶、咖啡等饮料。按照中国传统习俗一般应端茶送水,这是一项很重要的礼节。

(1) 奉茶的时机　奉茶的时机应在客人就座后,未开始谈正事前。如果已开始谈正事才端茶免不了会打断谈话或为了放茶而移动桌上的文件,妨碍商谈的进行,这是很失礼的。

(2) 奉茶的顺序　奉茶的顺序要从最年长、职位高的客人开始,给每位客人都上茶后,再为本公司的人上茶。奉茶完毕后退出时要恭敬地行礼,然后静静地离开。

(3) 奉茶的步骤　奉茶的步骤如下。

第一步,清洁。先洗手,然后检视茶具的清洁。

第二步,沏茶。检查每个茶杯的杯身花样是否相同,杯数与客人数是否相同。沏茶时,左手扶壶盖,右手持壶把,掌握好壶的倾斜度,壶口距杯口1 cm左右,茶水的温度以80 ℃为宜,水量为茶杯容量的六至七成,注意每一杯茶的浓度要尽量一样。

第三步,端茶。敲门后,向客人微笑点头后才进入。首先将茶盘放在临近客人的茶几上,右手拿杯托,左手托杯底,注意手不可以靠近杯口,从客人的左后侧用双手将茶杯递上去,或者用左手托着茶盘,右手将茶杯拿给客人,茶杯不要随意搁置,放在客人右手前方最适当,转动杯子将把手朝向客人右手方,说声:"请用茶。"要先给坐在上座的重要宾客奉茶,然后依次给其他宾客奉茶。在离开时,在门口向客人点头施礼才离去。

第四步,续水。续水时以不妨碍对方为佳。茶盖揭下后应倒放在桌子上,以避免污染茶盖,不要让水洒出来,如不小心洒了水,应及时擦去。

4. 敬烟礼仪

敬烟时,应轻轻将盒盖打开,将烟盒的上部朝着客人,用手指轻轻弹出几支让客人自取或抖出一两支让客人自取,不要自己用手指取烟递给客人。如为客人点火,最好是打一次火只为一人点烟,如连续点烟,打一次火最多也只能为两人点烟,否则,会犯忌讳。

5. 交谈礼仪

谈话的表情要自然,语气要和气亲切,表达得体,要集中精力表现出浓厚的兴趣,不应在客人面前摆架子、爱理不理,也不要表现得心不在焉,让人理解为逐客。与客人谈话时,可适当做些手势,但动作不要过大,更不要手舞足蹈,不要用手指指人,不宜与对方离得太远,但也不要离得过近,不要拉拉扯扯、拍拍打打,谈话时不要唾沫四溅。

参加别人谈话时要先打招呼,别人在个别谈话时不要凑前旁听,若有事需与某人说话,应待别人说完;发现有人欲与自己谈话,可主动询问;第三者参与说话,应以握手、点头或微笑表示欢迎,应乐于交谈;谈话中遇有急事需要处理或离开,应向谈话对方打招呼,表示歉意。

(三) 待客细节

商务人员在办公时间里往往要接待来访者。无论是应邀而来的来访者,还是自行登门拜访的来访者,接待人员都要树立"来者都是客"的观念,都要热情相迎,以礼相待。

1. 热情接待

见客人进门,就应面带微笑并热情地请其坐下,送上茶水,此时,如果客人要找的负责人不在,要明确告诉对方(包括去向、回来的大概时间),以便客人决定是否等待。若客人要走,请客人留下姓名、电话、地址,明确下次见面的时间、地点。

2. 耐心倾听

来访者一般事先都经过反复思考,讲述可能很详细(特别是那些投诉者),对此,接待人员要体谅他们的心情:一要耐心倾听,少讲多听;二要表示出聆听的需要和兴趣,不要显得冷漠或不耐烦;三要尽力排除干扰,以保证沟通的顺利进行;四要控制情绪,保持冷静,不要对来访者乱加批评或与对方争论;五要尽量在对方的立场上考虑问题,表现出对对方的同情。

3. 做好记录

在接待来访者时,要认真地做好来访记录,必要时,要向对方复述记录,看看是否有差异和需要补充的地方。

4. 诚恳答复

对慕名而来的来访者,接待人员在听完来访者的讲述后,除了商业秘密以外,应对来访者的询问进行诚恳的答复;如果来访者提出建议、批评,应先表示诚恳的谢意,然后本着实事求是的原则,经过深思熟虑,告诉对方解决的方案。对能够马上答复的或立即可办理的事,应当现场给予答复,不要让来访者等待或再次来访;对没有把握的问题或不属于直辖权力以内的问题,不要自作主张轻易表态或下结论,应当把来访者的问题以记录的形式提交给有关部门或领导处理,这样才能使对方满意而归,有利于本企业的业务开展和形象塑造。

5. 不予争辩

当对方说话声音过高或情绪异常激动时,接待人员应先表示同情理解,再友善相劝,保持冷静,不予争辩,可能的话,最好将对方请到洽谈室谈话;当来访者故意找茬或蓄意骚扰、寻衅时,接待人员应保持高度的冷静与沉着,并将滋事者劝出办公场所,以免干扰正常的工作秩序,千万不能推诿责任或一走了之,这样会助长其气焰,造成更大的损失。

6. 礼貌相送

接待人员应有答谢语或表示安慰的语言,要等来访者起身告辞,方可起身送客,以文明礼貌的形象和真诚的态度接待好来访者,维护企业的形象。

三、送客礼仪

人们说的迎三送七即迎客迎三步,送客送七步,可见送客时应更加有礼。这是为了留给对方美好的回忆,以期待客人能再度光临,因此,送客又被称为商务工作后续服务的开端。

(一)真诚挽留

在接待工作顺利完成后,客人告辞时,接待人员应真诚挽留,不要客人一说走,接待人员马上站起相送,或者起身相留,这都有逐客之嫌;如客人执意要走,接待人员应尊重客人意见,在客人起身时随之而起,主动为客人取下衣帽,与客人握手道别,选择合适的言词,如"希望下次再来"等礼貌用语。

如果客人带有较多或较重的物品,送客时应帮客人代提重物。

(二)送别礼节

职场中送客的礼节根据具体情况有所区别,一般需要综合考虑客人的身份地位、熟悉程度,以及是否为本地客人等因素。

1. 送别本地客人

送别本地客人一般应送行至门口、电梯口、本单位楼下或大门口,待客人远去后再回单位。若是很熟的朋友也要起身送到办公室门口,或者请秘书、同事代为送客;

若是一般客人则要送到电梯口,目送客人进电梯,待电梯门完全关上后再转身离开;若是重要客人,一般应送至车门前,一手帮客人拉开车门,一手遮挡车门上框,待其上车后轻轻关门,挥手道别,目送汽车远去后再离开。

2. 送别外地客人

送别外地客人时,应提前为外地客人预订返程的车票、船票或机票。一般情况下,送行人员可前往客人住宿处,陪同客人一同前往车站、码头或机场。

3. 送别外国来宾

送别外国来宾,必要时可在贵宾室与外宾稍叙友谊,或者举行专门的欢送仪式。在外宾临上火车、轮船或飞机前,送行人员应按一定顺序同外宾一一握手话别,祝愿客人旅途平安并欢迎再次光临。火车、轮船开动或登机前,送行人员应向外宾挥手致意,直至火车、轮船或飞机在视野里消失,送行人员方可离去。

第二节 商务拜访礼仪

从事商务工作经常要拜访各界人士,商谈各种事宜,广交朋友,扩大横向联系,拓宽信息渠道,进一步增进情谊。良好的拜访礼仪能够树立良好的形象,有助于实现拜访的目的。

一、办公室拜访礼仪

作为拜访者而言,为实现与客户建立良好合作伙伴关系的目的,在拜访中要力求给对方留下美好而难忘的印象。

(一)拜访准备

1. 事先约定

有约在先是拜访礼仪中最重要的一条。拜访必须事先约定,不应随时、随意地不邀而至,成为打扰对方工作和生活计划的不速之客。很多企业的管理较为完善,没有约定是进不去的,除非是重要的客户或著名人物。所以,要想拜访成功,一定要事先说明拜访的目的,约定拜访的时间和地点。

2. 时间选择

(1)在选择拜访时间时,要考虑对方的方便。

(2)到办公室拜访,最好不要选择星期一,因为新的一周刚开始是人们最忙之时;最好选在工作时间内,尽量避免占用对方的休息时间。

3. 认真检查

(1)检查一下与拜访目的有关的各种物品是否带好,如名片、笔、记录本、电话本、现金、计算器、公司及产品介绍、合同等。

(2) 出门前要检查一下仪容、服饰,做到仪容大方,服装整洁,以示尊重,到达后再整理一下。

(二) 如约而至

商务拜访务必遵守约定,如约而至,不可轻易变更时间,更不能迟到或因忘记时间而失约,这会损毁信誉,影响个人及公司的形象。

(1) 如果到单位拜访,要比约定时间提前 5~10 min 到达,以便进行个人整理,并调整心态,避免满身大汗、气喘吁吁,从而给对方留下不良的印象。

(2) 若因特殊原因不能按时到达,应提前打电话把实际情况告知对方,并告之预计到达的时间,不能浪费对方宝贵的时间,见面后要诚恳道歉。如遇交通阻塞,应通知对方要晚点到;如果是对方要晚点到,你将先到,那就要充分利用剩余的时间,可坐在汽车里仔细想一想,整理一下文件,或者问一问接待人员是否可以在接待室里先休息一下。

(三) 上门有礼

1. 到达

到达拜访的公司后,首先应对接待人员说明来意,进行登记或告诉接待人员自己的姓名、公司名称和约见人的姓名,也可以打电话通知约见人,应听从接待人员的引导,不要擅自行动。

2. 等候

若被拜访者因故不能马上接待自己,可以在接待人员的安排下在会议室或在前台耐心等候。等待中要注意自己的言行举止。如接待人员没有说"请随便参观"之类的话,而随便地东张西望,甚至好奇地向房间里"窥探"都是非常失礼的,有抽烟习惯者还要注意观察周围有没有禁止吸烟的警示,即使没有,也需问工作人员是否介意抽烟。

当要拜访的对象始终没有办法和你见面,而你又无法再继续等候时,可以留下名片,而且一定要请接待人员转送,并向其致谢,表示你实在因为接下来还有其他事情才未继续等待;也可向接待人员了解被拜访者的日程安排,表示下次再约时间。

3. 相见

当要拜访的人进来后应马上站起来,握手寒暄,如果是第一次见面,要先做自我介绍,并待对方坐下后再坐。当对方敬烟、奉茶时应起身或欠身致谢,并用双手接过。

一般情况下,要尽快地将谈话进入正题,清楚直接地表达来意,不要讲无关紧要的事情,甚至闲扯没完,因为珍惜对方的时间是尊重对方的表现,也体现自己办事讲求效率。谈话中,要注意自己的坐姿,认真倾听对方讲话,还要留心对方的态度以及环境的变化,随机应变。遇到不愉快的事要尽力克制自己,即使与接待者的意见不一致,也不要辩解或不断打断对方,要注意观察,当接待者有不耐烦或有为难的表现时,应转换话题或口气,当接待者有结束会见的表示时,应考虑起身告辞。

(四) 把握时间

在拜访时,应有时间观念,一定要注意把握时间。一般情况下,礼节性的拜访,尤其是初次登门拜访,应控制在 15~30 min 内,最长的拜访,通常也不宜超过两个小时。

有些重要的拜访,往往需由宾主双方提前议定拜访的时间和长度,在这种情况下,务必要严守约定,绝不能单方面延长拜访时间。

(五) 礼貌告辞

当自己提出告辞时,虽然对方表示挽留,但仍须执意离去,还要向对方道谢,并请对方留步,不必远送。在拜访期间,若遇到其他重要的客人来访,或者对方表现出厌客之意,应当机立断,适时告辞。

二、家庭拜访礼仪

商务拜访活动中,除了前往对方的工作单位拜访之外,有时根据具体情况需要前往对方的家中拜访或是接受对方的邀请前往拜访。所以,我们也应该掌握规范的家庭拜访礼节。

1. 预约礼节

预约时应礼貌地向对方表达意愿,如"希望有机会同您见面,您看什么时间方便","如您方便,我想去府上拜访"。

2. 时间选择

拜访时间要以方便对方为原则,通常应避开节假日和休息日,以及午睡和三餐时段,还有过早、过晚及其他对方不方便的时间。一般来说,晚上 7 点 30 分至 8 点是到家拜访的可选时机,此时可能用过晚餐,而且电视剧尚未开始。

3. 拜访准备

要准备好适合对方的礼品,无论是初次拜访还是再次拜访,礼物都不能少。礼物可以联络双方感情,缓和紧张气氛。所以,在礼物的选择上要下一番苦工夫,要了解对方的兴趣、爱好及品位,有针对性地选择礼物,尽量让对方满意。

拜访前应修饰仪容,选择得体的服装,以整洁、清新的形象出现在主人家中。

4. 准时赴约

到家拜访,最好是准时到达。既不要早到,让主人无准备,措手不及,也不要晚到,让主人空等,浪费时间。

敲门时要用中指敲门,力度适中,间隔有序地敲三下,等待回音,5~10 s 后,如无应答,可稍加力度,再敲三下,如有应声,则后退两步,便于主人使用门镜观察;敲门时间不能过长,否则会影响左邻右舍,按门铃时不能按住不放手,要注意节奏。

5. 相见礼节

相见时,应有礼貌地询问主人是否要换鞋,雨天携有雨具时,应询问摆放位置。应主动问候、适当寒暄;在主人的引导下,进入指定的房间,切勿擅自闯入,未经主人允许,不要在主人家中四处走动,随意乱翻、乱动、乱拿主人家中的物品。

主人请坐后方可坐下并道谢,在主人指点的座位入座,不可见座位就座。就座时,要与主人同时就座。倘若自己到达后,主人处尚有其他客人在座,应先问一下主人,自己的到来会不会影响对方。

主人呈上果品,要等年长者或其他客人动手后再取用,并起身、点头,双手接过并道谢。

如果主人没有吸烟的习惯,要克制自己的烟瘾,尽量不吸烟,以示对主人习惯的尊重。

当宾主双方都已谈完该谈的事情,叙完该叙的情谊之后就应及时起身告辞。告别前,应对主人的友好、热情等给以适当的肯定和赞美,并说一些"打扰了"、"给您添麻烦了"、"谢谢了"之类感谢的话。

6. 告辞礼节

告辞时别忽视其他成员。出门后,应回身主动伸手与主人握别道"再见"、"请留步"、"请回",走出几步再回首,挥手致意:"再见!"

第三节 馈赠礼仪

礼品在商务接待及拜访中是一种人际交往的重要手段,作为一种非语言的重要交际方式,以物表情,礼载于物,不仅能表达情意、促进友谊,而且能够加强沟通、增进理解,给商务活动锦上添花。

一、礼品选择

选择礼品的出发点就是送礼的目的。俗话说:"礼下于人,必有所求。"赠送礼品时,即便没有具体事情相求的目的,但至少也是抱着增进了解、积累感情的考虑。

(一)礼品选择的原则

1. 拿捏轻重

通常认为,礼品的贵贱厚薄往往是体现交往诚意和情感浓烈程度的重要标志,但是不能将礼品的价值简单地与价格画等号。

一般来说,礼太轻意义不大,很容易给受礼人带来不受重视的感觉,尤其是对双方交情还不深、关系还不亲密的人,更是如此。然而,礼物太贵重,又会使接受礼物的人有受贿之嫌,在商务拜访中会给被拜访人带来一种无形的压力,不利于正常交往的继续,一般人很有可能婉言谢绝,会让自己处于一种尴尬的境地。因此,对于礼品轻重的拿捏非常重要。

2. 考虑实用

任何礼品，其本身都具有一定的使用价值。选送礼品的时候要符合对方的某种实际需要，对方在工作、学习或生活中能够使用，或者满足对方的业余爱好和兴趣。简单说就是要投其所好。然而人的生活层次不同，对礼品实用性的要求也存在差异。因此，在商务活动中要根据受礼者的具体情况，有针对性地选择礼品。

3. 饱含心意

礼品作为感情的载体，代表着送礼人的一份特有的心意。选择礼品时，应精心构思，符合时尚，富于创意。个性化的礼品，不仅可使收礼人感到高兴，还可以表现送礼者的诚意。

4. 易于携带

选择礼品时，要小巧少轻。如一些易碎、个头大、分量重的礼品则不宜选择，因为既不方便送礼人携带，更可能会给对方造成不必要的麻烦，特别是远道而来的客人。

（二）礼品选择的禁忌

挑选礼品除了要注意以上原则外，还要注意什么样的礼品是不宜赠送的，有意识地避开这些禁忌。

1. 广告物品

一般情况下，把带有广告标志的物品送给他人，会使对方产生利用自己免费做宣传的嫌疑，还会让对方觉得送礼人吝啬。

2. 私人化礼品

商务接待与拜访是工作中的人际交往，因此，不要选择太私人化的物品作为礼物。过于私人化的礼品会给对方造成误解甚至产生误会，是不礼貌的，如睡衣、袜子、护肤品等，特别在异性间需要注意。

3. 败俗物品

所谓败俗，是指所选礼品不符合受赠者的地方风俗、民族习惯、宗教信仰。在任何情况下，都要避免把对方认为属于伤风败俗的物品作为礼品相赠，这是尊重交往对象的表现，也充分展示了送礼者的敬意。

二、馈赠礼品

选择好合适的礼物后，就要使用恰当的方式赠送出去。从接受礼物的角度来讲，采取体贴、友善的方式赠送礼物比礼物本身更重要，更能展示送礼人的教养和诚意。

（一）馈赠的方式

赠送礼品时，除了选择合适的时机、适当的形式和地点外，还要认真考虑如何包装，如何让受赠人心情愉悦。所以，需要注意以下三个方面的问题。

1. 精心包装

无论最终选择了什么样的礼品,赠送时都要进行包装,既有助于提升礼品档次,也能体现对受赠方的重视。可以选择包装纸、盒子、袋子、瓶子等材料,但要注意包装的大小、档次应与礼品价值大体相匹配。

选择包装纸时,要注意用专门的包装纸,注意上面是否印有无关的文字,最好选择单色的包装纸,这样更简洁大方。包装完成后,不要忘记随礼品附上一张自己的名片,或者小的留言卡片。

2. 举止大方

赠送礼品,是为了表达自己对受赠人的敬意、喜爱、祝贺等美好情感,是一种正常的人际交往。现场赠送礼品时,要神态自然、动作大方,不要扭扭捏捏、语无伦次、态度含糊,把礼品胡乱塞给对方。

赠送时,要郑重其事,身体站直走近受赠者,双手将礼品递到对方手里。

3. 适当说明

赠送礼品时,对礼物进行适当地说明是有必要的,一言不发是失礼的表现。

(1) 说明原因或用途。当礼品比较新奇时,有必要对礼品的特点、用途、使用方法进行解释。

(2) 说明心意或寓意。人们在赠送礼品的时候喜欢自谦,经常贬低自己的礼物,其实可以实事求是地表达送礼之意,"这是我公司专门为您准备的"、"希望您喜欢我为您选的礼物,略表心意"等,让受礼者心中坦然、高兴。

(二) 馈赠的时机

礼品的赠送,要视时间、地点、场合、目的及对象而异,选择合适的时机。一般来说,赠送礼品的时机包括机会和时间的选择。对于处境困难者的馈赠,其所表达的情感会更显真挚和高尚。在机会选择上要及时,超前或滞后都达不到目的。在时间上则要注意,如果是因公赠礼,则选择正常的工作时间,切忌占用私人时间;如果是因私赠礼,则不要耽误工作时间,选择休闲娱乐时间来赠送。

当去拜访他人时,礼品应在见面之初拿出来,这称为登门有礼。一是便于在开始时就给别人一个良好的印象,体现对别人的重视;二是更容易创造一种良性互动。

需要注意的是,客人拜访时宜先赠送礼品,主人待客时刚好相反,一般是在客人告辞时赠送礼品。

赠送商务礼品,一般有以下两种情况。一是主管领导会见对方时送。出面赠送的人的级别表示了对被赠者的定位和态度,也影响到礼品的规格。礼仪上称礼宾对等,这是一种接待规格。二是告别宴会上送。它算一个结束曲,来的时候客人送,走的时候主人送,善始善终,有来有往。

另外,送礼的时间间隔要适宜。送礼的时间间隔过于频繁,显得目的性太强,而且人家还必须还情于你。一般来说,宜选择重要节日、喜庆、寿诞送礼,送礼的人既不显得突兀虚套,受礼者也可心安理得,两全其美。

（三）馈赠的地点

当面赠送礼物时,考虑赠送的地点很重要。商务拜访属于因公送礼,应选择工作场所作为赠送礼品的场所,如果是因私送礼,则一般选择在受礼人的家中。

送礼时,一定要公私分明,不能把私人礼物直接送到工作场所,避免受贿嫌疑,更不能把因公的礼物送往交往对象的家里,使对方处于尴尬状态。

（四）馈赠的形式

送礼的形式多种多样,常见的主要有三种。

1. 当面赠送

这是最常见的送礼形式,即亲自把礼物送给交往对象,这样可以亲自介绍礼物的寓意、使用方法,直接表达送礼者的情谊,显示出送礼者的礼貌。

2. 托人赠送

当不能亲自赠送礼物时,可以请别人代为转送。此时,一定要附上自己的名片或便条,并最好事先告知对方。

3. 邮寄赠送

一般居住在异地的交往对象之间,特别是私人朋友之间,常常采用邮寄方式。精美的包装、温馨的礼笺常能更好地表达思念、牵挂之情。现在快递公司服务广、快,即使住在同一个城市,寄送礼物也是一种奇妙、美好的传递问候的选择,有一种意外惊喜的感觉,有时邮寄比亲自送更好。

（五）馈赠的注意事项

1. 涉外情况

送礼对象不同,要注意的礼节也有所不同。对欧美一些国家的人,第一次见面不宜送礼,对阿拉伯人更是如此,否则对方会以为你想贿赂他;对日本人则不同,在日本人看来,互赠礼品是增进友谊的一种重要方法。

赠送礼品要注意五个原则:不送触犯外宾习俗的物品;不送过于昂贵和过于廉价的物品;不送印有广告的物品;不送药品与补品;不送使异性产生误会的物品。

2. 通用情况

馈赠礼品时一般还应注意以下几点:

(1) 不要把以前接收的礼物转送出去,或者丢掉;

(2) 切忌送一些可能会刺激别人的物品;

(3) 不要打算以自己的礼物来改变别人的品位和习惯;

(4) 必须考虑受礼者的职位、性别、年龄等;

(5) 谨记除去价格牌及商店的袋装,无论礼品本身是否名贵,最好都用包装纸包装,有时细微之处更能显出送礼人的心意;

(6) 考虑受礼者在日常生活中能否应用自己馈赠的礼物。

三、接受礼品

在商务馈赠活动中,一般比较注重馈赠礼品时的礼节,而容易忽视接受礼品的礼节,这样也会影响双方的情感交流与沟通。

1. 态度大方

一般情况下,对他人诚心诚意赠送的礼品,只要不是违法、违规的礼品,应大大方方、欣然接受。接受前可适当地表示谦让,在国内这是必需的环节。

2. 欣赏礼品

接收礼品,尤其是接收外籍客人赠送的礼品时,一定要当面打开看一看,并且适当加以欣赏,否则别人的热情就会有被冷漠拒绝之嫌。

3. 表示谢意

礼品启封时,要注意动作文雅,不要乱撕、乱扯,随手乱扔包装用品,然后将礼品放置在适当之处,向赠送者再次道谢,切不可表示不敬之意或对礼品说三道四。

四、拒绝礼品

在商务交往中,有时万不得已必须拒绝别人的礼品,最好委婉得体地拒绝。

拒收礼品时,一般需要注意以下两点:(1)在 24 h 内迅速作出反应;(2)重视送礼人的心意,表示感谢,拒礼有方。

如果送礼人是善意的,拒绝礼物时要兼顾以下三点:(1)态度友善;(2)说明原因,解释退回原因,如身份不允许、公司规定等;(3)表达谢意,即便是拒绝了对方的礼品,也要感谢对方的好意。

如果送礼人不怀好意,则只需告诉他礼品不合适。

【复习思考题】

一、思考题

(1) 在商务交往活动中,如何做好迎客工作?

(2) 商务接待活动中的待客程序和礼仪有哪些?

(3) 办公室拜访的礼仪有哪些?

二、案例题

案例一

大成贸易有限公司实习秘书章平在机场顺利接到公司的客户,客人一男一女,男的是其单位主管,女的为一般员工。章平首先做自我介绍并主动热情地伸出右手和他们握手表示欢迎;同时,在有礼貌地征询客人的同意后帮助客人提大件行李并靠左引导客人乘车。章平打开车前门,以手示意,请戴眼镜的男客人坐在副驾驶座位上,并说:"请您坐在这个位置上吧,这儿视野开阔些,光线也好。"之后,又打开车左后门,向女宾说:"请您和我一道坐在后排座位上好吗?来,请您先进。"女宾服从其安排。之后,司机驾车载主客4人回公司,一路无话。

问题思考:

请按照接待礼仪标准判断实习秘书章平在接待客人过程中有哪些失礼之处,说明理由。

案例二

小明是一家仪表厂的销售人员,为了把厂里的产品推销到某化工厂,小明费了不少的心思,经过一番周折,终于得到了这家化工厂设备科张科长的认可。眼看即将大功告成,小明觉得有必要到张科长家拜访一下。在电话里张科长告诉了小明自家的地址,并且说小明一个人出差在外不容易,有机会请小明到家里来吃顿便餐。

周末,小明去商场特意为张科长选购了些礼品,他还别出心裁地为张科长家的小孩买了艘玩具舰艇,然后喜滋滋地奔张科长家而来。

望着站在门口的小明,张科长的脸上明显露出些惊讶和不自然的神态。屋里还有许多人,原来这一天张科长正在家里组织同事聚餐,科里的同事都到齐了。小明心里别提有多尴尬,客套了几句就急忙告辞,临出门前,张科长把那艘舰艇玩具塞回小明手里,低声说:"我和我爱人一直想要个孩子,可是这么多年一直没有遂愿,这个你还是拿回去吧,省得我爱人看着伤心。"走在回宾馆的路上,小明真恨不得抽自己几下耳光才解恨。

问题思考:

(1) 小明为什么会判断失误?

(2) 如果你是小明会怎么做?

三、实训题

(1) 要求每三位同学一组,其中一人扮演总经理,一人扮演经理秘书,一位扮演外请专家,总经理准备亲自送专家去车站。请演示送专家乘坐轿车的场面。

(2) 要求每三位同学一组,其中一人扮演技术部经理,一人扮演经理秘书,一位扮演外请专家,技术部经理和秘书决定前往外请专家的家中拜访。请演示拜访的全过程。

第五章　商务会议及活动礼仪

【学习目标】

（1）了解商务会议的类型，掌握筹办商务会议的准备工作及参加商务会议的礼仪知识。

（2）了解新闻发布会的特点和基本程序，掌握新闻发布会会前、会中及会后的相关礼仪知识。

（3）了解展览会的类型，掌握组织展览会及参加展览会的有关礼仪知识。

（4）了解举行商务签约仪式的准备工作及签约仪式的程序。

（5）了解商务庆典的类型，掌握商务庆典的组织工作、程序及参加商务庆典的相关礼仪知识。

在商务活动中，商务人员经常需要组织或参加各种会议。例如，为了引起关注、表达诚意、显示尊重、加深联系等，企业单位、商务人员都要经常举办或参加各种商务活动，如签字仪式、庆典活动等。不管商务人员是活动的组织者还是参与者，只有恰到好处地遵守并履行相关礼仪规范，才能使商务人员及其所在单位在多方面获益。

第一节　商务会议基本礼仪

会议是指将人们组织起来，研究、讨论有关问题的一种社会活动方式。商务会议是一种重要的商务活动，是现代企业用来协调内部关系，加强与外界的联系、合作和交流所普遍采用的方法。无论是筹办会议，还是参加会议，有关人员都必须遵守一些相关的基本礼仪规则。

一、商务会议的类型

商务会议的类型很多，不同类型的会议有其不同的礼仪要求。商务会议主要有以下几种类型。

1. 行政型会议

行政型会议是指组织所召开的工作性、执行性会议，包括行政会、汇报会、董事会等。

2. 业务型会议

业务型会议是指组织所召开的专业性、技术性会议,包括洽谈会、供货会、调研会等。

3. 社交型会议

社交型会议是指组织为扩大组织知名度、扩大交际面为目的所召开的会议,包括新闻发布会、参观活动、茶话会、联欢会等。

4. 群体型会议

群体型会议是指组织内部群众团体、群众组织所召开的非行政型、非业务型会议。

二、商务会议的准备工作

计划周密且落实到位的会议准备工作,是会议成功举办的有力保障。因此,不论举办何种商务会议,都应切实做好会前的准备工作。

1. 成立组织机构

为了保证会议顺利召开,会议主办方应成立一个会议组织机构,主要包括会务组、宣传组、秘书组、文件组、接待组、保卫组等。

2. 确定会议主题

会议必须要有鲜明的主题,并围绕主题设置议题。明确主题才能明确会议召开的必要性,并有利于做好会议的组织工作。

3. 确定会议名称

会议名称一般由"单位+内容+类型"构成,应根据会议的议题或主题来确定。

4. 确定会议规模

本着精简效能的原则,会议的规模有大型、中型、小型;会议的规格有高档次、中档次和低档次三档。

5. 确定会议时间

确定会议召开的最佳时间,应考虑主要领导是否能出席;确定会期的长短,应与会议内容紧密联系。

6. 确定会议地点

一般来说,召开会议的地点应根据会议的规模、规格和内容等要求来确定,有时也要考虑政治、经济、环境等因素。

7. 确定人员名单

与会人员名单的确定应与会议主题密切相关,与会人员应该是会议主题的解答者,或者是会议主题的接受者,或者是对会议主题感兴趣的相关人员。

8. 安排会议议程

会议议程与日程安排是指会议在一定时间内对会议各项活动按先后顺序所作出的具体安排，并要求冠以序号将其清晰地表达出来。

9. 制发会议通知

会议通知的内容包括会议名称、时间、地点、与会人员、议题及要求等。会议通知的种类有书信式和柬帖式；会议通知的发送形式有正式通知和非正式通知；会议通知的方式有书面、口头、电话及邮件。

10. 准备会议资料

会议文件资料应在会前准备好，主要有议程表和日程表、会场座位分区表和主席台及会场座次表、主题报告、领导讲话稿、其他发言材料、开幕词和闭幕词、其他会议材料等。这些资料应在会前装入文件袋以便分发给与会人员。

11. 制作会议证件

有些会议还需要制作会议证件，会议证件的内容包括会议名称、与会者单位、姓名、职务、证件号码等。有些重要证件还应贴上与会者本人照片，加盖印章。

12. 确定会议用品

召开会议所需用品和设备分为必备用品和特殊用品。必备用品是指各类会议都需要的用品和设备，包括签到表、文具、桌椅、茶具、扩音设备、照明设备、空调设备、投影和音像设备等；特殊用品是指一些特殊类型的会议，如谈判会议、庆典会议、展览会议等所需的特殊用品和设备。

13. 安排会议座次

会议座次的安排和会场的布置应根据实际情况而定。为给予某些与会者必要的尊重，需按照一定的惯例和规则进行座次的排列，会前应准备好名签，并在会议开始前摆放好，以便相关人员按名签对号就座。

14. 做好接待工作

为了保证会议举办成功，会议举办方还应做好接待工作，如接待与会人员的车辆安排、与会人员的食宿安排等。

三、商务会议的座次安排

商务会议按其规模来分，可分为小型会议和大型会议。不同规模的会议，其座次安排的礼仪规则有所不同。

1. 小型会议的座次安排

小型会议座次的安排分为圆桌会议和方桌会议两类。一般情况下，小型会议座次的安排又可以变形为椭圆形、圆形、半圆形、长方形、方拱形、T字形等。其中，在方桌会议中，特别要注意座次的安排。如果只有一位领导，那么他的座位一般应安排在长方形的短边，或者是比较靠里的位置。也就是说，以会议室的门为基点，在里侧是主宾的位置。如果是由主客双方参加,一般分两侧就座,主人坐在会议桌的右边,而客人坐在会议桌的左边。

为尽量避免这种主次安排,有时以圆形桌为布局,即圆桌会议。在圆桌会议中,则可不用拘泥这么多的礼节,主要规则是以门为基准点,较靠里面的位置是比较主要的座位。

2. 大型会议的座次安排

一般情况下,大型会议与会者众多、规模较大,座次的安排比较复杂,主要分群众席和主席台的座次安排。

(1) 群众席座次的安排。群众席的布局一般采用大小方形、半圆形等,其座次的安排可以采取以下几种方式排列:一是以主席台为基准点,面向主席台,从左往右分部门或分单位纵向依次排列,如图5-1所示;二是以会场座位的中间为基准点,分部门或分单位先左后右、一左一右成纵向排列,如图5-2所示;三是以主席台为基准点(主席台为会场的前端),分部门或分单位从前向后成横向依次排列,如图5-3所示。

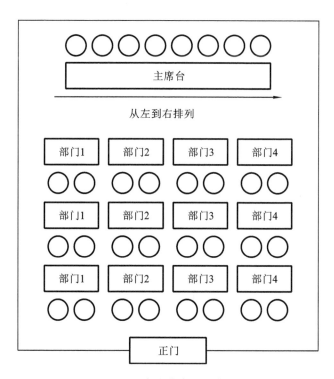

图 5-1 群众席座次排列方法一

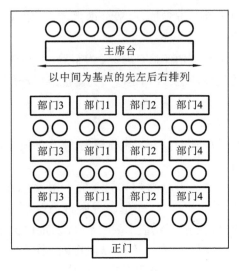

图 5-2 群众席座次排列方法二

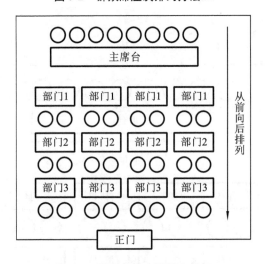

图 5-3 群众席座次排列方法三

（2）主席台的座次安排。主席台的座位排列依照职务的高低或选举的结果安排。国内会议一般以职务最高者居中，然后依照先左后右、前高后低的原则排列座位，如图 5-4 所示。按中国传统，以中心人的左方为上，若在台下看，即为右方。若主席台上人员为双数，则中心为两人，左者为尊，次者居右，然后再按一左一右的顺序依次排列，如图 5-5 所示。应注意的是，在商务场合尤其是国际商务场合，奉行以右为尊的原则。因此，应根据会议的具体情况，合理安排座次。另外，对邀请的上级单位或兄弟单位的来宾，其在主席台就座的座位也不一定完全按职务高低来排。通常应掌握的原则是：上级单位或同级单位的来宾，其实际职务略低于主人一方领导的，可安排在主席台适当位置就座，体现出对客人的尊重。

图 5-4 主席台座次排列方法一　　图 5-5 主席台座次排列方法二

四、商务会议会后礼仪

在会议完毕之后,还应注意以下细节,才能够体现出良好的礼仪素质及会议效果:

(1) 会议要形成文字结果,哪怕没有文字结果,也要形成阶段性的决议,落实到纸面上,还应该有专人负责相关事项的跟进;

(2) 要对参会人员赠送公司的纪念品;

(3) 做好组织参观工作,如参观公司或厂房等;

(4) 如有必要,可合影留念。

五、商务会议相关参与者的礼仪

商务会议是一个严肃的场合,会议相关参与者应遵守会议礼仪规范,维护自身及所在单位的形象。

1. 会议参加者的礼仪

(1) 会议参加者应衣着整洁规范,仪容仪表合乎礼仪要求,举止大方自然,待人彬彬有礼。

(2) 树立正确的时间观念,一般要比规定开会的时间早到 5～10 min,不迟到、不早退。进出有序,依照会议安排落座。

(3) 遵守会议各项准则和要求,尽力参与。

(4) 开会时应认真听讲,不要私下交头接耳、低头瞌睡、接打电话、来回走动等。虚心听取别人发言,不随便打断别人的谈话,不得已插话时,语言要文明有礼貌。

(5) 发言人发言结束时,应鼓掌致意。

(6) 中途退场应轻手轻脚,不影响他人。

2. 会议发言人的礼仪

会议发言有正式发言和自由发言两种,前者一般是领导报告,后者一般是讨论发言。

正式发言者应衣着整齐,走上主席台应步态自然、稳健有力,体现一种成竹在胸、自信自强的风度与气质。发言时应口齿清晰、讲究逻辑、简明扼要。如果是书面发言,要时常抬头扫视一下会场,不能低头读稿,旁若无人。发言完毕,应对听众的倾听表示谢意。

自由发言则较随意,但要注意发言应讲究顺序和秩序,不能争抢发言;发言应简短,观点应明确;与他人有分歧,应以理服人,态度平和,听从主持人的指挥,不能我行我素。

如果有会议参加者对发言人提问,应礼貌作答,对不能回答的问题应机智而礼貌地说明理由,对提问人的批评和意见应认真听取,即使提问者的批评是错误的也不应失态。

3. 会议主持人的礼仪

各种会议的主持人一般由具有一定职位的人来担任,其礼仪表现对会议能否圆满成功有着重要的影响。

(1) 主持人应衣着整洁,大方庄重,精神饱满,切忌不修边幅。

(2) 走上主席台步伐应稳健有力,行走的速度因会议性质而定,一般而言,欢快、热烈的会议步伐应较慢。

(3) 入席后,如果是站立主持,应双腿并拢,腰背挺直。持稿时,右手持稿的底中部,左手五指并拢自然下垂。双手持稿时,应与胸齐高。坐姿主持时,应身体挺直,双臂前伸。

(4) 主持人的言谈应口齿清楚,思维敏捷,简明扼要。

(5) 主持人应根据会议性质调节会议气氛,或庄重、或幽默、或沉稳、或活泼。

(6) 主持人对会场上的熟人不能打招呼,更不能寒暄闲谈。会议开始前或会议休息时间可点头、微笑致意。

第二节 新闻发布会礼仪

新闻发布会,简称发布会,有时也称记者招待会,是指以某一社会组织的名义邀请新闻机构的有关记者参加,由专人宣布有关重要信息,并接受记者采访的具有传播性质的一种特殊会议。

一、新闻发布会的特点和召开程序

新闻发布会是以发布新闻为主要内容的会议,这种会议与一般的商务会议相比有其独特性,其召开也应遵循一定的程序。

1. 新闻发布会的特点

新闻发布会有如下特点。

(1) 以新闻发布会发布消息,其形式比较正规、隆重、规格较高,易引起社会广泛的关注。

(2) 在新闻发布会上,记者可根据自己感兴趣的方面进行提问,能更好地发掘消息,充分地采访本组织,同时也使组织更深入地了解新闻界。在这种形式下的双向沟通,无论在深度上和广度上都较其他形式更为优越。

（3）新闻发布会往往占用记者和组织者较多的时间，经费支出也较多，因此，成本较高。

（4）新闻发布会对于组织的发言人和会议主持人要求很高，如发言人和主持人需要十分敏感，善于应对，反应迅速等。

2. 新闻发布会召开的基本程序

新闻发布会召开的基本程序如下：

（1）签到；

（2）分发会议资料；

（3）宣布会议开始；

（4）发言人讲话；

（5）回答记者提问；

（6）接受重点采访。

二、新闻发布会筹备阶段的礼仪

筹备新闻发布会，所要做的准备工作有很多，其中最主要的是要做好以下几项工作。

1. 确定会议主题

新闻发布会的主题是指新闻发布会的中心议题，主题确定是否得当，往往直接关系到预期目标能否实现。

2. 确定时间与地点

新闻发布会的时间选择尤为重要，应避开主要节假日，避开其他单位的新闻发布会，避开新闻界的重点宣传与报道，避开本地的重大社会活动。举行新闻发布会的最佳时间，一般在周一至周四的上午10—12点，或下午的3—5点，在这些时间内，绝大多数人都是方便与会的，而且一次新闻发布会所用的时间，应当控制在两个小时以内。

选择新闻发布会召开的地点，应考虑交通方便、条件舒适、面积适中、安全条件好等因素，本单位的会议厅、宾馆的多功能厅、当地最有影响的建筑物等，都可酌情选择。

3. 确定参会对象

对于新闻发布会的召开，重要的参会对象一般来说都是各种媒体人员。如何确定参会对象，需要从以下几个方面来考虑。

首先，要根据新闻发布会的内容来确定邀请哪些媒体参加，应考虑媒体的知名度和影响力。比如电视、报纸、广播、杂志、网络等，在邀请的同时还要考虑他们各自的特点。其次，在邀请新闻媒体时要根据不同的情况而有所选择，基本的规则是：当本单位为了宣布某一消息时，尤其是为了扩大影响，提高本单位的知名度和美誉度时，邀请的媒体单位是多多益善；当本单位为了处理纠纷或解释某一事件时，特别是当本单位处于劣势时,邀请的新闻单位则不宜过多。再次,还应根据新闻发布会的具体性质,确定是邀请全国性新闻媒体还是地方性新闻媒体,如需邀请国外新闻媒体到场,还应遵守有关的外事法规。最后,邀请函同样不可小视,那是礼仪的重要象征。一般情况下,请柬上应注明:新闻发布会的日期、地点、举办单位和联系方式,以及目的。值得注意的是,被邀请者的名字要写得整齐美观,不要潦草,以免给人以不敬的感觉。请柬写好之后,对于重要的人物最好请专人送达。

4. 确定主持人及发言人等

举办一般的新闻发布会,主持人和发言人可以由一人同时兼任。如果内容重要或业务性较强,可以将主持人和发言人分开。

主持人在整个新闻发布会中起着把握方向、掌握时间、穿针引线、调动气氛的作用,主持人的礼仪是否得体,讲话是否得当,直接关系新闻发布会的成败,因此应慎重选择。按照常规,新闻发布会的主持人应当由主办单位的公关部经理、办公室主任或秘书长担任。其基本条件是:仪表堂堂,见多识广,反应灵活,语言流畅,幽默风趣,善于把握大局,长于引导提问,并且具有丰富的主持经验。

发言人是新闻发布会的主角,他负责发布信息,解释原因,回答问题。发言人较多时,可以设主要发言人。主要发言人原则上应安排本组织的主要负责人或某项工作的主管人员,因为只有他们才能准确而全面地回答有关方针、政策和具体业务等问题。有些单位往往还设有专职的新闻发言人。作为新闻发言人要恪尽职守,修养良好,学识渊博,思维敏捷,反应迅速,记忆力强,善解人意,能言善辩,在社会上口碑较好,与新闻界关系融洽等。

另外,现在有的企业为了扩大声势,在召开新闻发布会时,还会特邀某些嘉宾,以吸引更多的关注。比如推出新一季的服装或首饰,经常会邀请影视明星或文化名人前来现场,演绎新产品的使用效果,对其进行评价。

除了以上人员,还需精选一些本单位的员工负责会议现场的礼仪接待工作,最好由品行良好、相貌端正、工作负责、善于交际的年轻女性担任。

5. 准备相关材料

在筹备新闻发布会时,主办单位通常应准备好相关材料。

(1) 主持人的主持稿 主持人对于新闻发布会的大概程序及内容应有一个蓝本,写好每个环节的串词,使新闻发布会能顺利进行。

(2) 发言人的发言材料 发言材料一是供发言人参考使用,二是根据需要在会上发布。发言材料可简可繁,但一定要全面反映情况、准确表述立场,并经领导审定、统一口径后方能公布。

(3) 其他材料 在新闻发布会上,回答记者的提问是必要的,但回答问题还不够,还要准备足够的文字材料供记者寻找新闻线索,发布新闻。有时也可准备一些宣传材料,如新闻事件的背景资料、政策法规的说明材料、证人证词、新闻稿等。

另外,在会前或会后,有时也可安排参会者进行一些必要的参观现场或展览,但这些安排要符合实际，不可弄虚作假或泄漏商务机密。

三、新闻发布会召开现场的礼仪

为了保证新闻发布会召开的顺利进行，除了要周密计划及精心准备外，在新闻发布会召开的现场，有关人员还应遵循相关的礼仪规范。

1. 接待要热情大方

一般应在新闻发布会的入口设立签到处，安排专人负责签到、分发宣传册、引入会场等接待工作。接待人员要热情、大方、举止优雅。

2. 仪容仪表要得体

在新闻发布会上，主持人、发言人以及工作人员的言行均展示了单位的文化和内涵，也影响着社会公众对单位的态度与评价。鉴于此，与会人员的外表，尤其是仪容及服饰事先都要进行认真修饰。在着装上，要穿礼服或正装，以显示对新闻发布会的重视，发型应庄重大方。女性应化淡妆，除了造型典雅简洁的耳环、项链、戒指外，一般不宜佩戴其他首饰，尤其是颜色或造型夸张的首饰。

3. 言谈举止要优雅

在新闻发布会上，主持人、发言人都要做到举止自然大方，言谈文明礼貌，说话时要使用普通话，字正腔圆，多用敬语和标准语。不要出现不雅观的动作和不文明的话语，如坐姿懒散、抓耳挠腮、东张西望、双脚乱抖、交头接耳、语出伤人等。

4. 分工配合要默契

在新闻发布会现场，主持人、发言人或多个发言人之间要分工明确，彼此支持，事先沟通，保持口径一致，不能相互冲突。在新闻发布会正式举行的过程之中，有时还会出现难以预料的情况，要应付这些场面，确保新闻发布会的顺利进行，除了要求主办单位的全体人员齐心协力、密切合作之外，最重要的，要求主持人、发言人要善于沉着应变，把握会议的全局。

四、新闻发布会结束后的礼仪

在新闻发布会结束以后，主办单位还应在一定的时间内做好会后工作，主要包括以下事项。

1. 收集新闻媒体报道

新闻发布会结束后，应核对现场使用的来宾签到簿与来宾邀请名单，核查新闻界人士的到会情况。了解与会者对此次发布会的意见或建议，尽快找出自己的缺陷与不足，并统计出与会的新闻界人士中有多少人为此次新闻发布会发表了新闻稿，由此可大致推断出新闻界对本单位的重视程度。

2. 整理保存会议资料

整理保存会议资料是新闻发布会必不可少的后续工作，需要主办单位认真整理、保存新闻发布会的有关资料。这不仅有助于全面评估会议效果,而且还可为此后举行同一类型的会议提供借鉴。需要整理、保存的有关资料包括会议自身的图文声像资料、新闻媒介有关会议报道的资料两种。

另外,在听取了与会者的意见和建议,总结了会议的举办经验,收集、研究了新闻界对于此次会议的相关报道之后,对于失误、过错或误导,都要主动采取一些必要的对策。尤其是对在新闻发布会之后所出现的不利报道,要注意具体分析,慎重对待。

第三节 展览会礼仪

展览会主要是为了推销本单位的产品、技术或专利而组织的宣传性聚会。展览会在商务交往中具有很强的说服力和感染力,不仅可以打动观众,为主办单位广交朋友,而且还可以借助各种传播形式,达到更好的广告效应,从而提高知名度。正因为如此,几乎所有的商界单位都对展览会倍加重视。

一、展览会的类型

根据不同的标准,展览会可分为不同的类型。按照商界目前所通行的会务礼仪规范,展览会的分类有以下几种。

1. 按展览会的目的分类

根据展览会的目的分类是划分展览会类型的最基本的标准。依照这一标准,展览会可分为宣传型展览会和销售型展览会。宣传型展览会意在向外界宣传、介绍参展单位的成就、实力、历史与理念,销售型展览会则主要是为了展示参展单位的产品、技术和专利,以此来招徕顾客、促进生产与销售。通常,人们又将销售型展览会直截了当地称为展销会或交易会。

2. 按展览品的种类分类

根据展览品具体种类的不同,展览会可分为单一型展览会和综合型展览会。单一型展览会往往只展示某一大的门类的产品、技术或专利,只不过其具体的品牌、型号、功能有所不同而已,如化妆品、汽车等。因此,人们经常会以展览会具体展示的某一门类的产品、技术或专利的名称来对单一型展览会进行直接冠名,如化妆品展览会、汽车博览会等。在一般情况下,单一型展览会的参展单位大都是同一行业的竞争对手,因此,这种类型的展览会不仅会使其竞争更为激烈,而且对于所有参展单位而言可谓是一场公平的市场考试。综合型展览会,又称混合型展览会,它是一种包罗万象、同时展示多种门类的产品、技术或专利的大型展览会。与前者相比,后者所侧重的主要是参展单位的综合实力。

3. 按展览会的规模分类

根据具体规模的大小,展览会可分为大型展览会、中型展览会、小型展览会和微型展览会。其中,大、中型展览会通常由专门机构承办,其参展的单位多、参展的项目广,同时,因其档次高、影响大,参展单位必须经过申报、审核、批准等一系列程序,有时,还需支付一定的费用。小型展览会一般都由某一单位自行举办,其规模相对较小,在小型展览会上展示的主要是代表主办单位最新成就的各种产品、技术或专利。微型展览会则是小型展览会的进一步微缩,它提取了小型展览会的精华之处,一般不在社会上进行商业性展示,只是将其安排陈列于本单位的展览室或荣誉室之内,主要是教育本单位的员工和供来宾参观之用。

4. 按参展者的区域分类

根据参展单位所在的地理区域的不同,可将展览会划分为国际性展览会、洲际性展览会、全国性展览会和全省性展览会等。应当指出的是,组织展览会不必贪大求全,动辄以"世界"、"全球"、"全国"命名,反而会让人觉得名不副实,给人以不可信赖之感。根据参展单位所属行业的不同,展览会亦可分为行业展览会和跨行业展览会。

5. 按展览会的场地分类

举办展览会要占用一定面积的场地,若以所占场地的不同,展览会可分为室内展览会和露天展览会。室内展览会大都被安排在专门的展览馆、宾馆或本单位的展览厅、展览室之内,大都设计考究、布置精美、陈列有序、安全防盗、不易受损,并且可以不受时间与天气的制约,显得隆重而有档次,但其所需费用往往偏高。在展示价值高昂、制作精美、忌晒忌雨、易于失盗的展品时,室内展览会自然是首选。通常,展示花卉、农产品、工程机械、大型设备等室内不易摆放的物件时,一般采取室外的方式。不过,露天展览受天气等自然条件的影响较大,应在布展前做好各种预案,以免遭遇恶劣天气等各种情况时措手不及。

6. 按展览会的时间分类

根据展期的不同,展览会可分为长期展览会、定期展览会和临时展览会。长期展览会大都常年举行,其展览场所固定,展品变动不大。定期展览会,展期一般固定在某一特定的时间内举行。如每三年举行一次,或者每年的春季举行一次等,其展览主题大都既定不变,但允许变动展览场所,或者展品内容有所变动。临时展览会则可根据需要随时举办,它所选择的展览场所、展品内容及展览主题往往不尽相同,但展期大都不长。

二、组织展览会的礼仪

一般来说,展览会既可由参展单位自行组织,也可由社会上的专门机构组织。不论谁组织,根据惯例,展览会的组织者需要重点进行的工作主要涉及以下几个方面。

1. 确定参展单位

按照商务礼仪的要求,主办单位事先应以适当的方式,向参展单位发出正式邀请。邀请参展单位的主要方式包括寄发邀请函、刊登广告、召开新闻发布会等。对于报名参展的单位,主办单位应根据展览会的主题与具体条件进行必要的审核。在参展单位的正式名单确定之后,主办单位应及时用专函通知,使被批准的参展单位尽早准备。

2. 展览内容宣传

为了引起社会各界对展览会的重视,扩大展览会的影响,主办单位有必要对其进行大力宣传。宣传展览会的主要方式如下:

(1) 公开刊发广告;

(2) 张贴有关展览会的宣传画;

(3) 举办新闻发布会;

(4) 邀请传媒界人士到场进行参观采访;

(5) 散发宣传性材料和纪念品;

(6) 在举办地悬挂彩旗、彩带或横幅。

3. 展位的分配及布置

展览会的组织者应尽最大的努力,满足参展单位关于展位的合理要求。如果参展单位较多,展览会的组织者可依照展览会的惯例,采用抽签、竞拍、投标,以及依照参展单位正式报名的先后顺序的方法对展位进行合理分配。值得注意的是,所有参展单位都希望自己能够在展览会上拥有理想的位置。一般理想的位置,除了收费合理之外,还应当面积适当,客流较多,处于较为醒目之处,并且要设施齐备,采光、水电的供给良好。各展位展示陈列的各种展品要井然有序,围绕既定的主题,进行互为衬托的合理组合与搭配,在整体上应与展览会的主题浑然一体。

4. 其他注意事项

无论展览会举办地的社会治安环境如何,组织者对于有关的安全保卫事项均应认真对待。在举办展览会前,必须依法履行常规的报批手续。此外,组织者还须主动将展览会的举办详情向当地公安部门进行通报。为了预防天灾人祸等不测事件的发生,应向声誉良好的保险公司进行数额合理的投保,以便利用社会力量为自己分忧。

在展览会入口处或展览会的门票上,应将参观的具体注意事项正式成文列出,以方便观众。在举办规模较大的展览会时,最好从合法的保卫公司聘请一定数量的保安人员,将展览会的保安工作全权交予对方负责。展览会组织单位的工作人员,均应自觉树立良好的安全意识,尽自己最大的努力,保证展览会的安全。另外,展览会的组织者,有义务为参展单位提供必要的辅助性服务,从而为展览会画上完美的句号。

三、参加展览会的礼仪

参展单位在参加展览会时,要想取得较好的参展效果,必须做好各方面的工作,其中参展单位的形象、接待及解说等方面的工作显得尤其重要。

1. 展会形象礼仪

(1) 工作人员的形象　在一般情况下,要求在展位上工作的人员应当统一着装,最得体的着装是身穿本单位的制服,或者是穿深色的西装、套裙。在大型的展览会上,参展单位若安排专人迎送宾客时,迎宾最好是身穿色彩鲜艳的单色旗袍,并胸披写有参展单位或其主打展品名称的大红色绶带。为了说明各自的身份,全体工作人员应在左胸佩戴胸卡,但礼仪小姐可以除外。

(2) 展示物的形象　展示物的形象主要由展品的外观、展品的质量、展品的陈列、展位的布置、发放的资料等构成。用以进行展览的展品,外观上要力求完美无缺,质量上要优中选优,陈列上既要整齐美观又要有主次之分;展台的布置上,既要兼顾主题的突出,又要有创新,能够吸引观众的注意力。对于用在展览会上向观众直接散发的相关资料,则要印刷精美,并且注有参展单位的主要联络方式。

2. 展会接待礼仪

在展览会上,参展单位的工作人员都必须热情地为观众服务。展览会一旦正式开始,全体参展的工作人员都应各就各位,站立迎宾。当观众走进自己的展位时,工作人员都要面带微笑,主动向观众打招呼:"你好!欢迎光临!"随后,还应面向对方,稍许欠身,伸出右手,掌心向上,指尖指向展台,语气温和地告知对方:"请你参观。"

当观众在本单位的展位上进行参观时,工作人员可随形于其后,以备对方向自己进行咨询;也可以请其自便,不加干扰。假如观众较多,尤其是在接待组团而来的观众时,工作人员也可以在前方引导对方进行参观。对于观众提出的问题,都要认真回答。当观众离去时,工作人员应当真诚地向对方告别,并欠身施礼。

3. 展会解说技巧

参展单位的接待人员要善于运用解说技巧。解说技巧,这里主要是指参展单位的工作人员在向观众介绍或说明展品时,所应当掌握的基本方法和技能。具体地说,在宣传型展览会与销售型展览会上,其解说技巧既有共性可循,又有各自的不同之处。

宣传型展览会与销售型展览会解说技巧的共性在于要善于因人而异,使解说具有针对性。与此同时,要突出自己展品的特色。在实事求是的前提下,要注意对其扬长避短,强调"人无我有"之处。在必要时,还可邀请观众亲自动手操作,或者由工作人员对其进行现场示范。此外,还可安排观众观看与展品相关的影视片,并向其提供说明材料与单位名片。通常,说明材料与单位名片应常备于展台之上,由观众自取。

宣传型展览会与销售型展览会的解说技巧的不同之处表现如下:在宣传型展览会上,解说的重点应当放在推广参展单位的形象上;在销售型展览会上,解说的重点则必须放在主要展品的介绍与推销上。要善于使解说围绕参展单位与公众的双向沟通而进行,时时刻刻都应大力宣传本单位的成就和理念,以便公众对参展单位的认可。

第四节　签约仪式礼仪

签约,即合同的签署。一般商务谈判一旦成功,表明双方已经达成某些协议,可以签约了。它在商务交往中,被视为一项标志着有关各方的相互关系取得了更大的进展,以及为消除彼此之间的误会或抵触而达成了一致性见解的重大的成果。因此,它极受商务人员的重视。

一、签约仪式前的准备工作

在商务活动中,人们在签署合同之前,应做好以下几个步骤的准备工作。

(一) 布置签约厅

签约厅有常设专用的,也有临时以会议厅、会客室来代替的。布置签约厅的总原则是庄重、整洁、清静。

一间标准的签约厅,应当室内铺满地毯,除了必要的签字用桌椅外,其他一切的陈设都不需要。正规的签字桌应为长桌,桌上一般铺设深绿色的台呢(当然还应考虑对方的习惯和禁忌)。

按照签约仪式礼仪的规范,签字桌应当横放于室内,在其后可摆放适量的坐椅。签署双边性合同时,可放置两张坐椅,供签字人就座。签署多边性合同时,可以仅放一张桌椅,供各方签字人签字时轮流就座,也可以为每位签字人都各自提供一张坐椅。签字人在就座时,一般应当面对正门。

在签字桌上,应事先摆放好待签的合同文本,以及签字笔、吸墨器等签字用的文具。

与外商签署涉外商务合同时,还需在签字桌上插放有关各方的国旗。插放国旗时,在其位置与顺序上,必须按照礼宾序列而放。例如,签署双边性涉外商务合同时,有关各方的国旗须插放在该方签字人坐椅的正前方。

(二) 安排签约时的座次

在正式签署合同时,商务人员对于在签约仪式上最能体现礼遇高低的座次问题是非常在意的,因此,一定要按有关礼规做好该项工作。

签约时,各方代表的座次是由主方代为排定的。常用的合乎礼仪的座次排列方法有如下几种。

1. 并列式

在签署双边性合同时,座位的安排是主左客右,即应请客方签字人在签字桌右侧就座,主方签字人则应同时就座于签字桌左侧。双方各自的助签人,应分别站立于各自一方签字人的外侧,以便随时对签字人提供帮助。双方其他的随从人员,可以按照一定的顺序在己方签字人的正对面就座;也可以依照职位的高低,依次自左至右(客方)或是自右至左(主方)地列成一行,站立于己方签字人的身后,当一行站不完时,可以按照以上顺序并遵照"前高后低"的惯例排成两行、三行或四行,原则上,双方随员人数应大体上相近。

2. 主席式

在签署多边性合同时,一般仅设一个签字椅。各方签字人签字时,须依照有关各方事先约定的先后顺序,依次上前签字,他们的助签人应随之一同行动。在助签时,依"右高左低"的规矩,助签人应站立于签字人的左侧。与此同时,有关各方的随员,应按照一定的序列,面对签字桌就座或站立。

3. 相对式

相对式的座次排列,也是常见的排列方式。和并列式不同的是,双方其他随行人员,按照一定顺序在己方签字人的正对面就座。

(三) 预备待签的合同文本

在决定正式签署合同时,就应当拟定合同的最终文本,它应当是正式的,不再进行任何更改的标准文本。

负责为签约仪式提供待签合同文本的主方,应会同有关各方一道指定专人,共同负责合同的定稿、校对、印刷与装订。按常规,应为正式签字的有关各方均提供一份待签的合同文本,必要时,还可再向各方提供一份副本。

签署涉外商务合同时,按照国际惯例,待签的合同文本,应同时使用有关各方法定的官方语言,或者是使用国际上通行的英文或法文。此外,也可同时并用有关各方法定的官方语言如英文或法文。使用外文撰写合同时,应反复推敲,字斟句酌,不要望文生义或不解其意而乱用词汇。

待签的合同文本,应以精美的白纸精制而成,按大八开的规格装订成册,并以高档材料,如真皮、金属、软木等作为其封面,以示郑重。

(四) 规范签约人员的服饰

按照规定,签字人、助签人及随行人员,在出席签字仪式时,应当穿着具有礼服性质的深色西装、中山装或西装套裙,并且配以白色衬衫与深色皮鞋。男士还必须系上单色领带,以示正规。

签约仪式上的礼仪人员、接待人员,可以穿自己的工作制服,或者穿旗袍一类的礼仪性服装。

二、举行签约仪式的程序

签约仪式是签署合同的高潮,虽然时间不长,但程序应规范、庄重而热烈。签约仪式的正式程序一共分为以下五项。

1. 签约仪式正式开始

签约仪式正式开始时,有关各方人员进入签约厅,在既定的座次上各就各位。

2. 签字人正式签署合同文本

商务礼仪规定:每个签字人在由己方保留的合同文本上签字时,按惯例应当名列首位。因此,每个签字人均应先签署已方保存的合同文本,然后再交由他方签字人签字。这一做法,在礼仪上称为轮换制。它的含义是:在位次排列上,轮流使有关各方均有机会居于首位一次,以显示各方平等,机会均等。

3. 交换各方正式签署的合同文本

在签字人正式交换有关各方正式签署的合同文本时,各方签字人应热烈握手,互致祝贺,并相互交换各自一方刚使用过的签字笔,以作纪念。全场人员应鼓掌,表示祝贺。

4. 互相道贺

签字人交换已签的合同文本后,按照国际上通行的用以增添喜庆色彩的做法是:有关人员,尤其是签字人要当场喝一杯香槟酒,祝贺签约仪式圆满成功。

5. 有序退场

签约仪式完毕后,先请双方最高领导退场,然后请客方退场,主方最后退场。整个仪式以半小时为宜。在一般情况下,商务合同正式签署后,还应提交有关方面进行公证,此后才正式生效。

注意:对于合同的签署,签约仪式不一定非举行不可,但对于合同文本的签字本身却必须郑重对待,不可草草收场。

第五节 商务庆典礼仪

商务庆典是指围绕重大、特殊事件或重要节日而举行的既隆重又热烈的纪念庆祝活动。商务人员在筹备和参与庆典活动的具体过程中,需要遵循有关的商务礼仪与惯例,这样不仅能增强本单位全体员工的凝聚力与荣誉感,同时,庆典活动的举行还能扩大企业的知名度和影响,树立良好的社会公众形象。

一、商务庆典的类型

常见的典礼活动的类型主要有以下几种。

1. 节庆庆典

节庆庆典是指围绕重大节日或纪念日举行的庆祝活动。一类是传统的公共节日,如元旦、春节、妇女节等;另一类则是一些纪念日,如企业成立十周年纪念日。节庆庆典活动一般是在固定的时间举行。

2. 庆功庆典

庆功庆典是指根据单位或成员获得某项荣誉、取得某些重大成就、重大业绩而举行的庆祝活动。如某企业荣获"质量信得过企业"、某汽车厂"第100万辆××牌汽车下线"、某种商品销售额达到1亿元等。

3. 开业庆典

开业庆典是指各类公司、商场、酒店等在成立或开张时举行的庆祝仪式。它是企业面向社会公众的第一次亮相,这类活动的目的是扩大宣传,树立组织机构的良好形象。

4. 奠基庆典

奠基庆典是指重大工程项目如机场、码头、车站、楼宇、道路、桥梁等建设项目正式开工时举行的破土动工的仪式。

5. 竣工庆典

竣工庆典是指某一工程项目建成完工时举行的庆贺性仪式。它包括建筑物落成、安装完工、重大产品成功生产等。这类庆典活动一般在竣工现场举行。

6. 通车庆典

通车庆典是指重大交通建筑如公路、铁路、地铁、桥梁、隧道等,在正式交付使用前举行的庆祝活动。

7. 通航庆典

通航庆典又称首航仪式,是指飞机、轮船正式开通一条新航线时举行的庆祝活动。

二、商务庆典的组织工作

庆典活动要取得成功并收到预期的效果,必须对庆典活动进行认真的策划和严密的组织。庆典既然是一种庆祝活动,那就不论是举行庆典的具体场合还是进行庆祝的某个场面,都要体现出隆重、热烈的气氛。

1. 制订庆典活动方案

每一个庆典活动都要制订一个活动方案,方案包括典礼的名称、规模、邀请范围、时间地点、典礼形式、基本程序、主持人、筹备工作、经费安排等。庆典活动要执行相关规定,重大庆典活动一般要报相关部门审批。

2. 对庆典活动进行广告宣传

举办庆典活动的主旨在于塑造企业的良好形象,而广告宣传就是塑造企业良好形象的手段之一。企业可通过大众传播媒介进行集中性的广告宣传。通过悬挂有关庆典活动的横幅、海报或在告示栏中张贴等方式,以吸引社会各界对本次庆典活动的关注,争取社会公众对企业的认可和支持。广告内容一般包括庆典活动举行的日期、地点,还可借此宣传企业的经营内容、特色,以及企业在庆典活动期间的优惠情况等,广告一般宜在庆典前的3~5天内发布。另外,企业还可邀请传媒人员在庆典举行之时到现场采访、报道,并予以正面宣传。

3. 确定出席庆典活动的人员名单

确定出席人员的名单是商务庆典中非常重要的一环,应当始终以庆典的宗旨为指导思想,精心准备庆典出席人员的名单。除本单位员工外,应邀参加庆典活动的出席者应当具有一定的身份和地位。一般而言,参加庆典活动的人员包括上级领导、社会名流、新闻界人员、同行业代表、社区负责人等。在确定出席庆典人员之后,应尽早发出邀请函或通知,以便他们安排时间和做好相关准备。为了表示对来宾的尊重,请柬应认真书写,并装入精美的信封,派专人提前送达。如果是给有名望的人员或主要领导呈送请柬,可由企业主要负责人登门邀请,以示诚恳和尊重。

4. 布置庆典活动的现场

对庆典活动的现场安排、布置是否恰如其分,往往直接关系庆典留给人们的印象好坏。因此,在选择庆典活动场地时,应结合庆典的规模、影响力及本单位的具体情况来决定。本单位的礼堂、会议厅或门前的广场等场地,都可作为庆典活动的举办场地,但在室外举行庆典时要慎重,切勿因地点选择不慎,从而制造噪声、妨碍交通或治安,以免顾此失彼。另外,庆典活动的场地并非越大越好,只要与出席者的人数成正比即可。

此外,为了烘托热烈、隆重、喜庆的气氛,可在现场悬挂彩灯、彩带,张贴一些宣传标语,并且张挂标明庆典具体内容的大型横幅。同时,在举行庆典之前,要把音响准备好,并认真检查设备,避免在现场出错。在庆典举行前后,要播放一些喜庆、欢快的乐曲。

5. 安排庆典活动的接待工作

与一般商务交往中来宾的接待相比,对出席庆祝仪式的来宾的接待,更应突出礼仪性的特点。不但要热心细致地照顾好全体来宾,而且还要使来宾感受到主人的真情厚意,尽量使每位来宾都能感到心情舒畅。

最好的办法是庆典活动一经决定举行,即成立对此全权负责的筹备组。在庆典的筹备组内,应根据具体的需要,下设若干专项小组,分工协作。庆典的接待小组,原则上应由年轻、精干、身材与形象较好、口头表达能力和应变能力较强的男、女青年组成。接待小组成员的具体工作是负责到场来宾的迎接、引导和送别,为来宾送饮料、上点心,以及提供其他方面的照顾;对于某些年事已高或非常重要的来宾,应安排专门人员陪同,以便关心与照顾他们。

6. 落实庆典的致辞人和剪彩人

庆典活动的致辞人和剪彩人分己方和客方,己方为组织方最高负责人,客方一般为德高望重或社会地位较高的知名人员。选择致辞人和剪彩人时,应提前征得本人的同意。

7. 准备宣传材料及赠送的礼品

庆典活动相关组织人员应在活动的准备阶段撰写好企业的宣传材料,并将材料分装在特制的包装袋里,在庆典活动开始后直接发给来宾。对于媒体记者,还应在其材料中列出庆贺主题、背景、活动内容等较详细的资料,以便记者写作新闻稿件。另外,还应准备好赠予来宾的礼品,一般可选择那些与众不同、具有本企业鲜明特色并体现对来宾的尊重和关心的纪念品。

三、商务庆典的程序

庆典活动的仪式所用时间一般都不长,但事关重大,所以对庆典活动的程序安排要求很严格。一般情况下,庆典活动的仪式按以下程序完成:

(1) 迎宾;
(2) 宣布庆典正式开始;
(3) 由本单位的主要负责人致辞;
(4) 来电视贺或嘉宾致贺词;
(5) 安排文艺演出;
(6) 来宾参观;
(7) 庆典活动结束。

值得注意的是,各类庆典活动的整个过程要紧凑、简洁,整个程序视具体情况可以有所增减,避免时间过长、内容杂乱,使来宾产生不快之感。

四、商务庆典主办方的礼仪

按照礼仪的规范,作为东道主的商务人员在出席庆典时,应当特别注意以下几点。

1. 仪表要规范

所有主办方的出席者都应注意服饰搭配与整洁。有统一制服的单位,应以制服作为本单位出席者的庆典着装。无制服的单位,应规定出席者必须穿着礼仪性服装,即男士穿西装或中山装,女士穿西装套裙或套装。

2. 表情要庄重

在举行庆典期间,出席者应庄重、得体、大方,不允许出现不端庄的行为,以便给来宾留下良好的印象。在举行庆典的过程中,出席者都要表情庄重、全神贯注、聚精会神。例如,庆典中安排了升国旗、奏国歌、唱厂歌等程序时,组织者一定要认真严谨,表情庄重地依礼行事。

3. 态度要友好

本单位参会的员工在接待来宾时,要主动热情地问好,对来宾提出的问题,要立即予以友善的答复,当来宾在庆典上发表贺词时,或者是随后进行参观时,要主动鼓掌表示欢迎或感谢。如随意打断来宾的讲话或向其提出不合时宜的话题等,都是有损本单位利益的不礼貌做法。

4. 行为要自律

主办方的出席者有义务规范自己的行为,严格要求自己以确保活动的顺利进行。首先,如果庆典的起止时间已有规定,则主办方应当准时开始,按时结束。本单位所有的出席者都要严格遵守活动开展的时间规定,不能无故缺席、迟到或中途退场。其次,主办方的出席者的举止要得体,应给来宾留下良好的印象。

5. 发言要简短

商务人员代表本单位在庆典中发言时，要注意以下四个问题：一是上、下场要沉着冷静；二是发言时要有礼貌，问好、施礼、致谢都不可少；三是发言一定要按时结束，宁短勿长，不能随意发挥，信口开河；四是少做手势，特别是含义不明的手势。

五、参加商务庆典的宾客的礼仪

应邀参加庆典的宾客在参加庆典活动时，也应遵守礼仪的规范要求，注意以下几个方面的事项。

1. 准时到场

一般来说，参加庆典活动可提前半小时到场，或早或迟，都会给主办方造成不便。若有特殊情况不能到场参加庆典活动应尽早告知主办方，以免产生不必要的误会。

2. 赠送贺礼

宾客参加庆典活动，一般都要赠送贺礼表示对主办方的祝贺。贺礼上写明庆贺对象、庆贺事由、贺词和祝贺单位。可选择赠送礼金、花篮、花瓶、屏风、祝贺气球等，也可选择发贺电或在报纸、电视上刊登祝贺广告等形式。

3. 礼貌祝贺

见到主人应向其表示恭贺，多说吉利、顺利、发财、兴旺等吉利语。如果有幸在庆典仪式上致贺词，则要注意简明精练，不可随意发挥、拖延时间，注意使用文明用语。

4. 热情参与

一般来说，庆典活动在座次上有严格的规则，到场的嘉宾应按照主办方安排就座，不可随意就座。嘉宾服饰也要庄重，可适当修饰，态度要热情。主人讲话时，应认真听讲，以点头或鼓掌方式表示赞同。不可无休止地和左右宾客讲话或闭目养神，更不可长时间地接拨电话或收发短信。

5. 礼貌告别

庆典仪式结束后，宾客离开时应与主办方领导、主持人、商务人员等握手告别，并致谢意，不可迫不及待地离开现场（特殊情况除外，但要说明），也不可悄悄地不辞而别。

【复习思考题】

一、思考题

(1) 筹办商务会议要做好哪些准备工作？

(2) 商务会议中人员座次的安排有何讲究？

(3) 作为展览会的组织者应做好哪些环节的工作？

(4) 作为参展单位参加展览会应有哪些方面的礼仪要求？

(5) 为了保证签约仪式的顺利进行，应做好哪些方面的工作？

(6) 在签约仪式上相关人员应该如何就座？
(7) 为了保证商务庆典的成功举行，事前应做好哪些组织准备工作？
(8) 参加商务庆典应注意哪些礼仪要求？

二、案例题

案例一

某股份有限公司董事会准备召开会议讨论从国外购买生产设备的问题。秘书小张负责为与会董事准备会议所需要的文件材料。因有多家国外公司竞标，所以材料很多。由于时间紧迫，小张就为每位董事准备了一个文件夹，并将所有竞标公司的材料都放入文件夹中。会议开始前，有3位董事说另外有事不能参加会议，于是小张就未准备他们的会议材料。不料，在正式开会时，原本说不能参加会议的3位董事中有2位又赶来参加会议，结果会上有的董事因没有相关材料而无法发表意见，有的董事却面对一大摞材料无从下手，不知从何看起，从而影响了会议的进程。

问题思考：
(1) 秘书小张在会议召开的准备工作中有哪些疏忽？
(2) 应如何避免此类事件的发生？

案例二

王华是天地公司销售部秘书。这天，销售部经理交给她一项任务：为了庆祝公司成立四周年，销售部将举办以宣传公司形象、增进与各地客户联系的大型客户联谊会。销售部经理列出了邀请名单，让王华负责拟请柬并按照名单发送。王华急忙上街买了若干精美的请柬，按照名单填好后就匆忙寄出。由于填写请柬时忘了写上客人的桌号，并且有几个信封由于匆忙装错了，所以到庆典当天，宴会厅里好多客人找不到自己的座位，有些客人由于收到了不是寄给自己的请柬而没有出席，使得这次庆典活动的效果大打折扣。公司领导为此十分恼火，王秘书则惴惴不安：不知会有怎样的命运在等待自己。

问题思考：
(1) 王华的失误在哪里？
(2) 王华应如何做才对？

案例三

美国加州杏仁商会为了在中国推广和销售加州杏仁，委托凯旋-先驱公共关系有限公司（下面简称凯旋公司）在中国策划一次宣传推广活动。经调查分析，凯旋公司决定策划一次"健美人生巡回展"，希望在消费者心中树立杏仁有利健康的形象。凯旋公司决定选择具有影响力的大型商场进行专业健美操表演活动，并采用各种形式来最大限度地加强加州杏仁的宣传和推广，比如，张贴各种吸引人的标牌，制作一个真人大小的杏仁吉祥物、展示杏仁营养宣传品并进行消费者调查等。为了加大加州杏仁的宣传力度，凯旋公司要求表演者穿着统一的印有加州杏仁商会标记的服装，舞台的幕后背景及舞台覆盖物均设计成一棵棵绿色的杏树生长在绿色的田野中的图景,突出了杏仁的健康形象。此外,凯旋公司还免费给在场的小朋友发放印有加州杏仁商会宣传语"送给幸福的人"的彩色气球。主持人不断地忙着在舞台上带领小朋友们做游戏,并指导在场的观众参加健美运动。在此次活动中,加州杏仁商会的吉祥物也颇受现场观众的喜爱,并引得媒体记者争相拍照留念。此次活动吸引了数十万观众参加,给消费者留下了深刻的印象,实现了产品信息的有效传递。同时,通过吸引众多媒体的关注和报道,美国加州杏仁商会成功地拓展了中国的杏仁市场,取得了预期的目的。

问题思考:
(1) 凯旋-先驱公共关系有限公司是如何布置这次活动的现场的?
(2) 展览会的布置有何技巧?

三、实训题

(1) 要求学生十五人一组,自行拟定一个会议主题,分别扮演会议的组织者、参会者及会议主持人,模拟做好会议召开前的准备工作、会中及会后的有关事项。轮流进行角色转换,多次模拟实训,熟练掌握有关商务会议的礼仪知识。

(2) 要求学生十五人一组,自行拟定一个主题撰写新闻发布会召开的方案,并由学生分别扮演不同的角色,按该方案模拟完成一次新闻发布会召开的场景。

(3) 以班级为单位,按照展览会的组织、接待及解说技巧要求,学生分组扮演展览会的组织者和各参展单位,以身边的生活学习物品为参展物进行一次展览会的模拟演练。

(4) 要求学生十人一组,自行拟定一个签约仪式的主题,分宾主两方,模拟签约仪式的过程。

第六章　商务通信礼仪

【学习目标】

（1）掌握接打电话的礼仪及使用手机的礼仪，初步具备良好的电话礼仪形象。

（2）掌握通话的基本原则，培养学生良好的商务交往礼仪素养。

（3）了解收发传真、电子邮件的礼仪。

在商务活动中，商务人员不仅要尊重对方，施行礼貌和礼节，以增加彼此交往的愉悦感，更重要的是要通过言谈举止，表现出良好的个人素质和品质，提升对方对自己的信任度和接受度，这对商务人员来说是至关重要的。

第一节　电话礼仪

现代社会，随着商务交往的日益频繁，商务人员越来越离不开电话这一方便、快捷的通信工具，遵循电话礼仪规范是每一位商务人员必须做到的。

一、接打电话的基本礼仪

电话的"只闻其声，不见其人"的特性，常常会使人们在接打电话时，一不留神就给对方留下不良印象。商务人员应该着重掌握电话礼仪，一次成功的电话沟通可能给对方留下良好的印象，甚至可能给企业带来巨大收益。

（一）注重电话形象

电话形象是指人们在使用电话时的语言、内容、态度、表情、举止，以及时间感等表现的总和。电话形象是内在的反映，会使通话的对方"如见其人"，能够给对方及其他在场之人留下完整的、深刻的印象。商务人员的电话形象如何，不仅反映着自身的礼仪素养，同时也代表着组织的形象，因此，在使用电话时，一定要塑造良好的电话形象。

（二）通话基本原则

不论是接听电话还是拨打电话，商务人员都必须牢记，从拿起话筒和对方交谈开始,就给对方留下了初步的印象,这关系以后的交往,所以,在通话时,商务人员一定要遵循通话的基本原则。

1. 明确信息

商务人员接打电话时应该明确基本信息,即通话对象的身份、姓氏、所在单位、通话目的等。明确基本信息不仅有助于商务人员进行沟通,而且有利于双方研究问题、处理问题和今后联系。

2. 善于倾听

倾听是正确理解和判断的基础,尤其在电话交谈中,双方主要靠声音传递意思,如果不认真听,就无法准确地交流信息、沟通感情。当然,静静地倾听,并不是完全不出声,而是应予以简单的呼应,如使用"嗯"、"是"、"好的"等短语,让对方感觉你确实在认真地听,表现出尊重之意。

3. 表达方式

通话时,第一,要注意口齿清楚,有节奏感,语速适中,也可跟对方的语速协调一致,切忌不管对方是否听清楚,只顾自己一味地讲下去;第二,要音量、语调适中,语气温和;第三,要面对微笑,虽然是不见其面,但微笑着说话,发出的声音能让对方感知得到;第四,通话要专心,不能做其他事情,如边说边吃东西或做其他事情,这些都是不礼貌的,如果有要事在处理,可先告知对方,先结束通话,一会给他打过去;第五,要简明扼要、主次分明,以便节省双方的时间。

在通话时,应该具有超乎寻常的忍耐心和包容心。如果对方语意不详,对于要说的意思没有表达好,语言没有组织好,要多给对方一点安慰,舒缓其情绪,使其畅所欲言。如果对方拨错电话,或者电话不是找自己的,不可横加指责或不愿传达,应轻轻地说上一句"不好意思,你拨错了",或者"请稍待,我去叫他"等,这是有教养的体现。

二、拨打电话的礼仪

在商务交往中,商务人员需要经常拨打电话给他人,要使拨打的电话既能正确无误地传递信息、联络感情,又能塑造自身良好的形象,就必须讲究拨打电话的礼仪。

(一)时间选择

拨打电话应当选择适当的时间。按照惯例,通话的时间原则有两个:一是双方预先约定电话通话时间;二是对方便利的时间。

(1) 不要在他人的休息时间打电话。每天上午 7 点之前、晚上 10 点之后、午休和用餐时间都不宜打电话。

(2) 利用电话谈公事,尽量在对方上班 10 min 以后或下班 10 min 之前拨打,这时对方会比较从容地应答。

(3) 要清楚地区时差和工作时间的地区性差异。尽量不要在工作时段以外的时间打电话,以免影响对方休息。即使客户已将家中的电话号码告诉你,也尽量不要往家中打电话。

(4) 打公务电话不要占用他人的私人时间,尤其是节假日时间。

(5) 尽量不要在对方上班时间打私人电话。

(二) 通话准备

在打电话之前,应做好充分准备,要将对方的姓名、电话号码、通话要点等内容列出一张清单,并准备好相关资料,避免在打电话时缺少条理、现想现说、有所遗漏。对于内容简单的通话,可先打好腹稿,想清楚后再拨电话,这样能够保证电话沟通的顺畅,也能给对方留下良好的印象。

(三) 时间把握

电话接通后,首先应有礼貌地问候,然后要自报单位、职务和姓名。请人转接电话,要向对方致谢,寒暄后,应直奔主题,简明扼要地将意思表达清楚。少讲空话,不说废话,切勿内容繁杂,主旨含糊不清,通话冗长拖沓。沟通目的实现后,就应果断终止通话,不要反复陈述、絮叨,给对方留下做事拖拉、缺少职业素养的印象。

商务人员拨打电话,对要讲的事需要从结论说起,这样才能将要点清楚明白地告诉对方,遇到数字和专有词汇,应进行复述,注意别出差错。

(四) 体谅对方

通话时,还需要体谅对方,主要表现为以下几点。

(1) 通话之初,应询问一下对方,现在通话是否方便,如果不便,可再约时间拨打。

(2) 自觉控制通话时间,遵守通话的 3 min 原则。即把通话时间控制在 3 min 以内,这样既节省对方时间,也反映自身干练。如果通话时间较长,超过 3 min,应先征求一下对方意见,并在结束时略表歉意。

(3) 在万不得已情况下,于节假日、对方用餐、睡觉时拨打电话,影响了对方,不仅要讲清楚原因,而且必须道一声"对不起"。

(五) 通话举止

1. 面带微笑

商务人员在拨打电话时要面带微笑,微笑时人的声音和面无表情时的声音传递的信息完全不一样。微笑的声音是令人愉快、真诚、富有感染力和亲和力的声音,会让听者产生共鸣。

2. 语言文明

在通话时,不仅不能使用"脏、乱、差"的语言,而且还需铭记,有三句话被称为电话基本文明用语是非讲不可的,即"您好"、"我是……"、"再见"。关于"我是……",有四种模式可以借鉴:第一种,说出本人的全名;第二种,说本人所在单位名称;第三种,说本人所在单位和本人全名;第四种,说本人所在单位、本人全名及职务,便于对方了解和对话。

在通话时,讲话态度要文明,如果受话人是下级,态度不能粗暴;如果是领导,也不要阿谀奉承;如果是总机话务员,应加上"谢谢"之类的客气话;如果要找的人不在,对方代为转告,要更加客气。另外,"请"、"麻烦"、"劳驾"之类的词,都应恰当使用。如遇通话时电话忽然中断,发话人应立即再拨,并说明原因,绝对不能就此了之,或者等对方打来电话。如果自己拨错了电话,切记要对对方道歉,说声"对不起"。

3. 举止文明

不要把电话夹在脖子上,也不要趴着、仰着、坐在桌子上,或者双腿架在桌子上通话。这些不雅姿态是轻视、傲慢的心理和缺乏教养的外在表现,会随着通话的进程或多或少地被对方感知,因为在语音、语调、语气的传递中会载有这样的气息,正如我们经常会听出对方没睡醒、或在吸烟、或刚生过气、或不太恭敬友好等,不雅的举止也会被对方感知。

常见一些人用笔去拨号,可能因为是方便、省力或是习惯使然,但电话的按键是应该用手指来按的,这样会保证按键准确,以免出错,同时能保护话机,也表现出做事遵守规矩。

挂电话时应轻放话筒,不要将话筒胡乱抛下,这是对接听电话一方的极大不敬,电话被挂断之前,对方一直都把听筒贴在耳朵上听着,"喀哒"一声巨响,会使对方心情不悦,所以放下话筒时,务必注意轻放。

4. 挂机顺序

长辈、晚辈通电话,长辈先挂机;上司、下属通电话,上司先挂机;男士、女士通电话,女士先挂机;打电话请人帮忙,求人者后挂机。

(六)注意事项

商务人员在拨打电话时,自始至终都要待人以礼,表现得文明大度,要做个谦谦君子,应注意以下事项。

1. 不能过度询问

过度询问带有盘问的意味,这是相当无礼的。无论是主管还是秘书,如果过度询问对方情况,会让人觉得你是在"查户口",会心生反感:"你不了解我们公司,干吗给我们打电话?"

2. 不能有头无尾

如果拨打电话没有找到要找的人,想留言请对方回电话,切记要留下自己的电话号码,这点很重要,即使是老朋友,也避免对方再查号,同时,可将回电话的最佳时间阐明,以及自己将何时再打电话说清楚,以便对方知晓。

3. 不能"心到佛知"

如果已经拨过电话,但没联络上,不能就此拉倒,认为"心到佛知","反正是打了,没在或没人接,这不怪我",这样做事会延误工作,应该再拨一次直至完成通话。

4. 不能目中无人

突然打去电话或突然开始谈事情,这些都是不速之客的不文明做法,首先要询问对方是否方便,称呼对方时要加头衔,如"律师"、"经理"等,切不可乱用"亲爱的"、"宝贝儿"之类轻浮的言语。若对方稍有迟疑,就将这个电话的主要目的及大概通话时间说明,对方会斟酌,如果对方现在不方便通话,那就约好再打电话的时间。

最好事先把有关资料寄去或传过去,使对方有所准备,再通话时就好商讨了。切不可临时东翻西找,这样耽误对方时间,影响电话效果。不得不暂时中断通话时,应向对方道歉,说"对不起,请稍等一会儿",但时间要短。

结束通话时,要把刚才谈过的问题进行简要总结,强调要点,以帮助对方加深印象。

三、接听电话的礼仪

电话这种便捷的通信工具,对发话方来说,可以随时向受话方提出问题,远距离协调计划,提出采购订单等,而对受话方而言则可能是一种干扰,他们不得不暂停做事,去接听电话,但处于被动位置接听电话时,也不可失礼。

根据礼仪规范,受话人接听电话时,有程序上的要求、语调的要求、持机稍候的要求和代接电话的要求,这些礼规都得知晓并遵守。

(一) 程序上的要求

1. 接听及时

这里所说的接听及时,不是电话铃声一响就接起来,这样容易掉线,且给人以操之过急、迫不及待的感觉,而是电话铃声响起后,应放下正在做的事,不要等铃声超过三声再接起。若因特殊原因,致使铃响许久才接电话时,接后应向发话人表示歉意,道一声"对不起,刚才比较忙,让您久等了。"

接听电话是否及时,实质上反映着一个人待人接物的真实态度。

如有可能,在电话铃响以后,应亲自接听,不要轻易让别人代劳。不要铃响许久,甚至连打几次之后,才去接电话。正常情况下,不允许不接听他人打来的电话,尤其是如约而来的电话。

2. 应答有礼

接电话时,受话人的言行应合乎礼仪,要注意下列几点。

(1) 拿起话筒后,应自报家门:"您好,这里是……"自报家门是出于礼貌,让对方知道你正在认真接听,不能一声不吭。另外,自报家门可以让发话人验证是否打对了电话。若为家庭电话,可在问候语后面加上一句"请问您有什么事吗"或"请问您是哪位。"切不可拿起话筒,劈头盖脸就说:"喂!你是谁?"或"喂!你找谁?"

(2) 应聚精会神地接听电话。在通话时,即使有急事,也要力求聚精会神地接听电话,不能心不在焉,或者把话筒置于一旁。

(3) 接听电话时态度要谦恭。在通话过程中,对发话人的态度应当谦恭友好,当对方身份较低或有求于己时,更应表现得不卑不亢,不要一言不发或有意冷场。若有急事,可先说明。

(4) 当通话终止时,不要忘记向发话人道声"再见"。即使发话人忽视了这一礼节,你也不能在意,仍然要礼貌结束通话。

(5) 当通话因故暂时中断后,一般要等候对方再拨进来,让谈话正常进行,而且要自然。

3. 分清主次

接听电话时,不要同时与他人交谈,不要边接电话边看文件或电视、听广播、吃东西。如有另一个电话打进来,切不可置之不理,一定要遵循接听电话的"持机稍候"时的处理规范,有礼貌地妥善处理。

如遇会晤重要客人或在开会时来电话,此刻又确实不宜与其详谈时,可向其略作说明,并表示歉意,并再约时间主动打电话过去。在下次通话时,还要再次向对方致以歉意。

不论自己多忙,都不要拔下电话线,与外界隔绝;不要告诉别人假的电话号码,也不要随便把别人的电话号码告诉第三者。

4. 注意方式

接听电话时,不能过多盘问对方,过度盘问对方是相当无礼的。一般来说,只要询问来电者的姓名、单位即可。如果此时不便谈话,应直陈苦衷,表示稍候再回电话,并说明回电话的准确时间以便对方等候。

一般应左手拿话筒,右手做记录,用事先准备好的纸笔,及时将对方提供的信息、指示记录下来,特别是记录下时间、地点、数量等,并向对方重复一遍。

(二) 语调的要求

用清晰而愉快的语调接电话,能显示出说话人的职业风度。在道过"您好"并自报家门后,你是热情还是不耐烦都会通过说话语调反映出来,随着谈话的继续进行,对方就会进行判断。在语调上不要装学他人,这是没教养的表现。

说话吐字要清晰,注意措辞,语调要平稳、安详,不可时高时低,说话时要面带微笑,使声音听起来更热情。不妨在电话机旁放一面镜子,以随时提醒自己,注意不要让房间里的背景声音干扰电话交谈。

(三) 持机稍候的要求

一般不要轻易请人持机稍候。

(1) 如果在你接电话期间,恰好又有电话打进来,不得不请先来电话者"持机稍候"时,可先对通话对象说明原因,要其勿挂,"请稍等",然后立即接听另一电话,说明现状,问清对方号码,请其先挂,说明稍后会打过去,随后继续前边的通话,这是接听电话的"谁先来电话谁优先"原则。中间间隔的时间越短越好,否则两方都会心生不悦。

(2) 如果有要事必须中断谈话时,应先向发话人道歉,并保证尽快回电,说到做到。

(3) 为了表示礼貌,在让先来电话者持机稍候时应先征询其意见。正确的说法应该是:"您能持机稍候一会儿吗?"说完要等一下,待得到对方的同意后再离开。等到再次拿起话筒时,还要先表示一番歉意。

(4) 让人等候时,应每隔20~30 s核实一下对方是否还在等候,并让对方知道你此时在干什么,这样做不能重复多次,应视具体情况而定。如还需一段时间,就征求一下对方意见:"还要等一会,麻烦您了。要不,先放下电话,过会我再给你去电话?"要让对方有选择的余地才是有礼貌的表现,表现出对对方意愿的尊重。

(四) 代接电话的要求

1. 转交他人

当接听的电话自己处理不了,要转交他人办理时,应先接通代办人的电话再转过去,以免来电人联系不上。对将要接听电话的人,应扼要介绍一下来电人的要求,以免来电人再次重复,同时,也可使接电话的人知道来电人已等了好久了,这样不致给对方再添麻烦。

2. 代找受话人

当发话人所找的人就在附近时,要轻声转告"找你的"。即便是距离很远,也不要大喊大叫"某某,电话",像广播一样,吵得人尽皆知。

3. 尊重隐私

代接电话时,不要询问对方与所找之人之间的关系。当别人通话时,或埋头做自己的事,或自觉走开,千万不可故意侧耳"旁听",更不要没事找事,主动插嘴,这些都是不礼貌的行为。当对方希望转达某事给某人时,千万不要把此事随意扩散。

4. 记忆准确

若发话人要找的人不在,不能把电话一挂了事,可在向其说明情况后,试探性询问对方是否需要代为转达,若对方不愿转达,不可强求。对发话人要求转达的具体内容,最好认真做好笔录,并最后核实一下,以免误事,应记录下来通话者单位、姓名、联系方式、通话时间、通话要点、是否要求回电话、回电话时间等内容。

5. 及时传达

若对方要找的人不在,可先如实相告,然后再询问对方"有什么事情"。若是二者的次序颠倒了,就可能使发话人产生疑心。若答应发话人代为传话,则应尽快落实。

不到万不得已时,不要把代人转达的内容,再托第二人代为转告,这样会使内容变样,并且会耽搁时间。

6. 及时回电

在商业投诉中,最为常见的是不能及时回电话。为了不丧失每一次商业机会,有的公司甚至作出对电话留言须在一小时之内答复的规定。一般应在 24 h 之内对电话留言给予答复,如果回电话时恰遇对方不在,也要留言,表明你已经回过电话了。如果自己确实无法亲自回电,应托付他人代办。

7. 礼貌结束

一般由发话人先结束通话,如果对方还没讲完,自己便挂断电话是很不礼貌的。挂电话时向对方说"再见"后轻轻放下话筒,切忌"啪"地扔下话筒。

(五)特殊电话的接听技巧

商务场合中总是有一些不懂礼仪的人,在打电话时不考虑对方的感受,接到这种电话如何应对呢?

1. 对反复陈述的电话

可以马上说"李先生,容我对您刚才所讲的作出总结,如果有遗漏或错误的地方,请随时更正或补充。"或"对不起,张先生,我不认为这件事我能帮什么忙,但听起来应该和我们的业务部有关,请你稍等,我帮你转业务部。"

2. 通话对象在同别人讲话

应付这样的人,可以建议他在不忙时和你见面再谈,或者要求他重复刚才说的话"王经理,我这里听得并不很清楚,听起来您好像正在和其他人说话。"

3. 对方避重就轻

你可以直接切入主题:"李先生,你心里到底怎么想的?我如何才能帮你忙?"

(六)过滤电话的技巧

商务场合中,如何过滤电话,对于接待人员是一项艺术性很强的工作,一般来说有以下几种情况。

1. 电话要找的人正好外出时

当电话要找的人正好外出时,这时接电话者不必向打电话的人解释被找人的去向,只要回答:"他刚好不在办公室。我是他同事(或者秘书),很乐意为您服务。"切忌告诉对方某人到哪里出差了,因为这可能涉及商业秘密,或者是个人隐私。私人问题不宜在电话中告知对方,如"他现在正在洗手间"或"她妈妈住院了,她去看望妈妈了"等,都是不适宜的。

可请上司提供一份不需过滤的名单或号码,如家人、朋友、代理人、重要合作伙伴等,作为过滤电话的依据。

避免使用"不知道他今天去哪里了"或"这几天他都不在办公室"之类的话,会给对方一种托词、不友好的感觉。

2. 来电者拒绝告诉你打电话的目的时

当来电者拒绝告诉你打电话的目的时,他会说"他知道我要做什么"或"和你有什么关系",或者甚至说"不要管我是谁,请他来听电话。"较好的做法应该这样说:"很抱歉,除非让他知道您来电的目的,否则他不会接听电话的。"不要让这些强大的压力把你吓坏了,其实如果来电者真有很重要的事,他一定会告诉你目的的。

第二节 手机礼仪

手机使人们的交流和沟通变得更加便捷,但现在无论是在社交场合还是工作场合,使用手机已经成为常见现象,所以,手机礼仪的普及变得越来越重要。在国外,如澳大利亚电信的各营业厅采取了向顾客提供"手机礼节"宣传册的方式,宣传手机礼仪。每一个文明的人,都应该在方便自己的同时,尊重他人的权益。

一、携带手机

手机的携带看似是一个微不足道的小事情,但如果不加以注意,也容易损害商务人员的个人形象,甚至是企业形象。

(一) 手机的常规放置

(1) 手机可放置在随身携带的手袋中或公文包中。
(2) 可以把手机放在上衣内袋里,但注意不要影响着装的整体形象。
(3) 在不使用手机时,不要将其握在手里,或者挂在腰带上、脖子上,均不雅观。

(二) 手机的暂放位置

(1) 在参加会议时,可将其暂交秘书、随行人员代管。
(2) 与别人坐在一起交谈时,可将手机暂放在手边、身旁等不起眼之处,但不要对着对方。

二、使用手机

英国一位名叫约翰·代特里奇的艺术家建立了一个网站,在网上宣传以反对手机吼叫为主题的内容,提倡文明使用手机。有很多人喜欢对着手机大声讲话,而且声音大得把周围的陌生人都卷进了自己的私事之中。业内人士把这种现象称为"手机吼叫",这种手机吼叫现象甚至制造了一种痛恨手机吼叫的亚文化。

（一）规范文明

（1）不要在大庭广众面前频频拨打电话和连续接听电话。用手机接听别人电话时，尽量到不影响其他人的地方。主持或参加会议期间需要接听电话时，要向他人表示歉意。在办公区内，以及楼梯、电梯、公交车等人多又相对封闭的地方使用手机时，应尽可能压低声音。

（2）在公共场合，要养成将手机关机或调为振动的良好习惯。不能在要求"保持安静"的公共场所开机、通话，如音乐厅、美术馆、影剧院等场合，必要时应关机，或者让其处于静音、振动状态，把对他人的影响降到最低。如果非得回话，可采用静音的方式发送手机短信。在聚会期间，如开会、会见、上课之时应自觉地关闭手机，或者将手机设定为振动状态，这是对会议主持人、听众、老师的尊重。在洽谈时，应该把手机关掉或调到振动状态，这样既显示出对别人的尊重，又不会打断说话者的思路。在餐桌上，一般应关闭手机或将手机调到振动状态，避免打扰他人进餐，如果有电话来，要说一声"对不起"，然后去洗手间接听，而且通话时间一定要简短，这是对客人的尊重。

（3）不允许在上班期间，尤其在办公室、车间里，因个人私事使用手机。上班时间每个人都在忙着工作，即使不忙，也不能没完没了地发短信，否则就会打扰对方的工作，甚至可能让对方违纪。

（4）不要在非工作时间致电客户，如需要不应过早或过晚。发短信也不能太晚，有人觉得晚上10点以后打电话给对方不方便，于是就发个短信，其实这也会影响对方休息。

（5）因手机没电、信号不好而出现通话中断时，地位低的人或拨出电话者应该再把电话首先打回去，电话再次拨通后要向对方表示歉意，如通话效果仍然不行，可约定时间再次打电话给对方。

（6）发送手机短信要注意署名。在短信的内容选择和编辑上，应该和通话文明一样重视，因为通过你编发或转发的短信，可以反映出你的品位和水准，所以不要编辑或转发不健康的短信。

（7）不要在与他人说话时，查看手机短信，这样做是对他人的不尊重。

（8）有些重要电话可以先用短信预约。比如，要给身份高或重要的人打电话，知道对方很忙，可以先发短信问对方："给您打电话是否方便？"如果对方没有回短信，一定不是很方便，可以过一段时间后拨打电话。

（9）提醒对方最好用短信。如果事先已经与对方约好参加某个会议或活动，为了怕对方忘记，最好事先再提醒一下，提醒时适宜用短信而不要直接打电话。打电话似乎有些不信任对方，短信显得亲切些，短信提醒的语气应委婉。

（10）对于个性化手机铃声的设置，应注意文明、高雅。有些铃声很不雅，甚至很无礼，比如"老板，来电话了"，或者"我就是不接，就是不接，气死你"，如果在办公室和一些严肃的场合，这种铃声不断响起，不仅有损个人形象，也影响公司形象。手机铃声也不能调得过大,以免影响他人。在比较安静的环境下,突然响起震耳铃声,可能会造成他人身体不适,伤害他人。手机铃声的大小,应以离开座位两米处正好可以听见为宜。

(二) 利己利人

使用移动通信工具,自然是为了方便自己,但与方便别人并不矛盾,二者应该并重。具体来说,应当注意以下两点。

(1) 要牢记手机的交费日期,并自觉按时交纳。不要因为忘记交费而被停机,致使他人与你失去联络,不要总出现"你所拨打的手机已停机"的情况。

(2) 更换了手机号码后,应尽早告知自己主要的交往对象,包括一些老客户,以保证彼此联络的顺畅。

(三) 注意安全

使用移动通信工具,必须牢记"安全至上",切勿有章不循、有纪不守、马虎大意、随意犯规。那样做不但害己,而且害人。

(1) 最好不要在手机中谈论商业秘密或国家安全事项等机密事件,因为手机容易出现信息外漏,产生不良后果。

(2) 不要在飞机飞行期间使用手机,否则会干扰仪器,导致飞机失事等严重后果。

(3) 不在加油站内使用手机,以免引起火灾、爆炸。

(4) 不要在病房内使用手机,以免手机信号干扰医疗仪器的正常运行,有碍治疗,或者影响病人休息。

(5) 开车时不使用手机通话或查看信息,以防止发生车祸。实在要用手机,可靠路边停车使用或让他人代接电话。

(6) 一般情况下,不要借用他人手机,更不要将手机借给陌生人使用。

(7) 对于陌生人短信和各类诈骗性质的手机信息,要时刻保持高度警惕。

(8) 手机中的通信录要有备份,同时,电话本中存储尽量用全名,少用昵称。

(9) 注意保护自己的隐私权,要经常整理手机内存储的各类信息和资料。

第三节 收发传真、电子邮件礼仪

传真是利用光电效应,通过安装在普通电话网络上的传真机,对外发送或接收外来的文件、书信、资料、图表、照片真迹的一种现代化的通信联络方式。在现代商务交往中,人们经常使用传真这一技术手段来传递文件、资料、图表。传真通信的主要优点是操作简便、传送迅速,可以传送复杂图案的真迹;缺点是需要专人操作,有时清晰度不够理想。

一、收发传真的礼仪

商务人员在利用传真进行通信联络时,必须注意以下几个礼仪问题。

(一)履行手续

严格按照电信部门的有关要求,履行必要的使用手续,否则为非法。在安装、使用传真设备前,须经电信部门许可,办理相关手续,必须配有电信部门正式颁发的批文和进网许可证,并交纳使用费用。

(二)号码准确

本人或本单位的传真机号码,应准确地告诉交往对象。在商用名片上,传真号码是必不可少的一项重要内容。给客户发送传真前,应认真核对客户的传真号码,最好先向对方通报一下,这样做既提醒对方,又避免发错传真。

(三)内容简洁

发送传真时,必须按规定操作,内容应简明扼要,以节省本方及对方的费用。

(四)礼貌使用

商务人员在使用传真时,必须维护个人及组织的形象,有礼貌地使用。
(1)在发送传真时,应有问候语与致谢语。
(2)出差在外,在使用公共传真设备时,要有礼貌地委托电信服务人员,办好手续,防止泄密。
(3)收到他人的传真后,应立刻告知对方,以免对方惦记、担心,甚至来电询问。
(4)需要办理或转交、转送他人发来的传真时,应立即处理,不能拖延误事。

二、使用电子邮件的礼仪

自从电子邮件诞生以来,其发展突飞猛进、日新月异,在商务交往中得到了越来越广泛的使用。电子邮件,又称电子信函,是利用电子计算机,通过互联网络,向交往对象发出的一种电子信件。使用电子邮件进行对外联络,不仅安全保密、方便快捷、不受篇幅限制、清晰度极高,而且还可以大大地降低通信费用。

商务人员在使用电子邮件对外进行联络时,应当遵守的礼仪规范主要有以下几个方面。

(一)认真撰写

向他人发送的电子邮件,一定要精心构思,认真撰写,若是随想随写,是既不尊重对方,也不尊重自己的。在撰写电子邮件时,必须注意以下几项内容。

1. 主题明确

一封电子邮件，一般只有一个主题，并且需要标明在主题栏内。若归纳得当，收件人见到主题便对电子邮件内容大致了解了，不要给收件人下载保存时增添麻烦。

2. 语言流畅

电子邮件要便于阅读，语言要流畅，尽量不出现生僻字、异体字。引用数据、资料时，最好标明出处，以便收件人核对。

3. 内容简洁

网上的时间极为宝贵，电子邮件的内容应当简明扼要。

（二）避免滥用

在信息社会中，人们的时间都很珍贵，对商务人员来说更是如此。在商务交往中要尊重一个人，首先就要懂得替他节省时间，所以，不要轻易向他人乱发电子邮件，不要只为了检验一下自己的电子邮件能否成功地发出，更不宜随意以这种方式在网上征友。

目前，网民都有垃圾邮件的烦恼，尽管有软件控制垃圾文件，但有些人变着法地发垃圾邮件。对这些垃圾邮件进行处理，不仅会浪费时间和精力，而且还有可能耽搁正事，但收到他人的电子邮件后，立刻回复对方是应该的。

（三）慎选功能

商务人员在撰写邮件时，应慎用各种信纸及点缀。对邮件修饰过多，会增大容量，增加收发时间和费用，而且会给对方以华而不实之感。另外，收件人一方所用软件如果不支持这些功能，会影响信息的完整性。

【复习思考题】

一、思考题

（1）接打电话的礼仪有哪些？
（2）使用手机的礼仪有哪些？
（3）使用电子邮件的礼仪有哪些？

二、案例题

案例一

张华是中大集团有限公司市场部的一名职员，业务能力很突出，得到老总的信任和欣赏。但有一天，老总经过他的办公室时，他正给一个经常往来的客户打电话联络感情，在打电话时，他一边用脖子夹着电话，一边将身子后仰靠着椅子，大声和对方谈起公司以外的事情。从那以后，老板对他的态度就大不一样了。

问题思考：

案例中，张华有哪些行为做法不妥，正确的做法又是怎样的？

案例二

李先生的电话约见

总机:"您好,美林公司。"

李先生:"请问王总经理在吗?"(总机听了李先生的问话以后,毫不犹豫地把他的电话转到总经理办公室,由总经理的秘书孙小姐接听。)

孙小姐:"总经理办公室。"

李先生:"你好,我是李强。请问王宇总经理在吗?"(李强先自我介绍,然后说出王宇总经理的名字,这让人觉得他和王总早就认识,他们是朋友。如果秘书真是这么想,那她一定把电话转接给王总,这样,李强希望和总经理通话的目的就达到了。不过,秘书没有这么想,她小心翼翼地继续问。)

孙小姐:"请问你是哪里?"

李先生:"请告诉他,我是红星公司的李强,请问他在吗?"(李强并不认识王宇,他不能回答秘书的问题。李强只好再自我介绍一次,这次他说出了公司的名字。李强在谈话中,一直不忘记说"请问他在吗",这是不断地对秘书询问,使秘书不得不对这个询问做适当的答复,他希望秘书小姐不再问问题。)

孙小姐:"请问你找他有什么事?"(秘书很直爽地回答,但没直接回答王总经理是否在公司。)

李先生:"我是红星公司的李强,请教你的大名。"(李强没有正面回答秘书的问题,他只是重复说着自己和公司的名称。他也附带问了一个问题,想知道秘书小姐的名字,待日后再通话时,能拉近彼此的距离。)

孙小姐:"我姓孙。"

李先生:"孙小姐,我能和总经理通话吗?"

孙小姐:"李先生,请问你找总经理有什么事?"

李先生:"孙小姐,我很了解你做秘书的处境,也知道王宇总经理很忙,不能随便接电话。不过,你放心,我绝不占用总经理太多的时间,我相信总经理会觉得这是一次有价值的谈话,绝不浪费时间,请你代转好吗?"(李强确实遇到了困难,但他不气馁,仍再接再厉,试图突破困境。他坚持一个原则:不向秘书小姐说出自己的真正目的,因为他考虑到一旦向秘书小姐说出自己的目的,再经由秘书小姐转达,难免会产生误解。)

孙小姐:"请等一下。"(李强的坚定语气使秘书小姐不再难为他。她把李强的电话转给总经理。)

王总经理:"喂!"

李强:"王总,我是红星公司的李强,红星公司是专门为企业经理定做西装的公司。请问您知道红星公司吗?"(李强以介绍自己和公司为开场白,然后说明公司的业务,简洁扼要,以一句问话结束,这能使对方有接着回答的机会,使彼此的谈话一来一往,增加交谈的气氛。

王总经理:"不知道。贵公司卖的是什么产品?"

李先生:"我们是专门为经理定做西装的公司。有许多企业对我们颇为赞赏,这些企业包括中国银行、联通公司、ABC食品公司、国旅等。我希望下个星期能拜访您,当面向您进行详尽的介绍。我想在下星期二上午8点15分或星期三下午2点45分拜访您,您觉得方便吗?"(李强提到了几家就在附近的大公司,希望借此能引起王总经理的兴趣。李强不问王总经理"是否愿意见面",而是问王总经理"什么时候见面",这样会使王总经理在无意之中忽略"愿不愿见李强"的问题。李强还自己先挑选了两个时间让王总经理选择,两个时间都在下星期,这使王总不会感到窘迫而断然回绝李强的请求。)

王总经理:"嗯,让我想想……就安排到下星期二上午7点钟好了。"

问题思考:

(1)案例中李强电话交谈礼仪方面表现得如何?

(2)案例中秘书孙小姐电话交谈礼仪方面表现得如何?

三、实训题

(1)根据有关接打电话情景的文字材料,要求学生每两人一组,一人扮演客户,一人扮演公司职员进行模拟接打电话演练。

(2)要求学生每两人一组,扮演商务合作伙伴,撰写并发送介绍本公司产品的电子邮件。

第七章　商务宴请礼仪

【学习目标】

(1) 了解商务宴请的种类及各自的特点。
(2) 重点掌握商务宴请的安排和筹备。
(3) 掌握不同形式宴会的礼仪和规范。
(4) 掌握西餐、中餐的礼仪知识。
(5) 了解我国少数民族的生活习惯与饮食特点。

餐桌是商务活动的重要舞台,是非常具有潜力的商业工具。越来越多的商务人员相信,餐桌是一个绝佳的会谈地点,一场饭局可能会影响一个人的职场生涯,一次商务宴请也可能会改变一个人的一生,这在越来越注重商务礼仪的今天时有发生。因此,掌握必要的商务宴请礼仪已经成为职场的重要职业技能之一。

第一节　宴会的种类

商务宴请是商务人员为了工作需要而设立的以餐饮为主要方式的正式聚会。商务宴请种类众多,按规格来分,有国宴、正式宴会、便宴、家宴;按餐别来分,有中餐宴会、西餐宴会、中西合餐宴会;按时间来分,有早宴、午宴和晚宴;按礼仪来分,有欢迎宴会、答谢宴会和送别宴会。采取何种宴请宴会,一般要根据活动的目的、邀请对象及经费开支等因素来决定,且每种类型的宴请均有与之匹配的特定规格及要求。国际上目前通用的宴请形式有四种:宴会、招待会、茶会和工作餐,下面将介绍这四种宴请的形式及主要特点。

一、宴会

宴会是较为隆重的正餐,坐下进食,由招待员顺次上菜。宴会有国宴、正式宴会、便宴之分。按举行的时间,又有早宴(早餐)、午宴、晚宴之分。其隆重程度、出席规格、菜肴的品种与质量等均有区别。一般来说,晚上举行的宴会较白天举行的宴会更为隆重。

(一) 国宴

国宴是国家元首或政府首脑为国家的庆典,或者为外国元首、外国政府首脑来访而举行的正式宴会。宴会厅内悬挂国旗，安排乐队演奏国歌及席间乐，菜单和席卡上印有国徽，席间致辞或祝酒。宴会的规格最高，礼仪最为隆重。

(二) 正式宴会

正式宴会是一种隆重而正规的宴请，除不挂国旗、不奏国歌及出席规格不同外，其余安排大体与国宴相同。宾主均按身份排位就座，对餐具、酒水、菜肴、陈设及服务员的装束、仪态都有严格的要求。

(三) 便宴

便宴属非正式宴会，是指公务人员或朋友之间举办的宴请。便宴与正式宴会相比，更加随意、简化，注重的是宴请宾客间的交流与沟通。这类宴会形式简便，不要求着正装，只要穿戴整齐即可，可以不排席位，不做正式讲话，菜肴道数也可酌减。便宴的气氛更为亲切友好，不会让宾客感到过于拘束。

(四) 家宴

家宴即在家中设便宴招待客人，西方人喜欢采用这种形式，以示亲切友好。家宴往往由主妇亲自下厨烹调，家人共同招待。

二、招待会

招待会是指各种不备正餐、较为灵活的宴请形式，备有食品、酒水饮料，通常都不排席位，可以自由活动。常见的有冷餐会和酒会两种。

(一) 冷餐会(自助餐)

冷餐会的宴请形式是不排席位，菜肴以冷食为主，也可用热菜，连同餐具陈设在餐桌上，供客人自取。客人可自由活动，可以多次取食。酒水可陈放在桌上，也可由招待员端送。冷餐会可在室内、院子里或花园里举行，可设小桌、椅子，宾客自由入座，也可以不设坐椅，站立进餐。根据主、客双方的身份，招待会规格隆重程度可高可低，举办时间一般在中午十二时至下午二时或下午五时至七时左右。这种形式常用于官方正式活动，以宴请人数众多的宾客。

我国国内举行的大型冷餐招待会往往用大圆桌，设坐椅，主宾席排座位，其余各席不固定座位，食品与饮料均事先放置桌上，招待会开始后，自动进餐。

(二) 酒会(又称鸡尾酒会)

酒会的宴请形式较活泼，便于广泛接触交谈。招待品以酒水为主，略备小吃。不设坐椅，仅置小桌(或茶几)，以便客人随意走动。酒会举行的时间也较为灵活，中午、下午、晚上均可，请柬上往往注明整个活动延续的时间，客人可在其间任何时候到达和退席,来去自由,不受约束。

鸡尾酒是用多种酒配成的混合饮料,酒会上不一定都用鸡尾酒,但通常用的酒类品种较多,并配以各种果汁,不用或少用烈性酒。食品多为三明治、面包、小香肠、炸春卷等各种小吃,以牙签取食。饮料和食品由招待员用托盘端送或部分放置小桌上。

近年来,国际上举办大型活动采用酒会形式越来越普遍,庆祝各种节日、欢迎代表团访问,以及各种开、闭幕典礼,文艺、体育招待演出前后往往举行酒会。自1980年起我国国庆招待会也改用酒会形式。

三、茶会

茶会是一种简便的招待形式。举行的时间一般在下午四时左右(也有的在上午十时举行)。茶会通常设在客厅,不用餐厅。厅内设茶几、坐椅,不排席位,但如是为某贵宾举行的活动,入座时,有意识地将主宾同主人安排坐到一起,其他人随意就座。茶会顾名思义是请客人品茶,因此,茶叶、茶具的选择要有所讲究,或者具有地方特色。外国人一般用红茶,略备点心和地方风味小吃,也有不用茶而用咖啡者,其组织安排与茶会相同。

四、工作进餐

工作进餐按用餐时间可分为工作早餐(working breakfast)、工作午餐(working lunch)、工作晚餐(working dinner),是现代国际交往中经常采用的一种非正式宴请形式(有的时候由参加者各自付费),利用进餐时间,边吃边谈问题。在代表团访问中,往往因日程安排不开而采用这种形式。此类活动一般只请与工作有关的人员,不请配偶。双边工作进餐往往排席位,尤以用长桌更便于谈话,如用长桌,其座位排法与会谈桌席位安排相仿。

第二节 商务宴请礼仪

在商务交往中,出于各种各样的实际需要,商务人员必会参加一些比较隆重的商务宴请。在宴请过程中,一些基本的宴请技巧和礼仪规则也是十分讲究的。如果一个商务人员在宴请中能够表现得从容自如、大方得体,那么他一定是十分成功的,对商务宴请的礼仪规则也是十分了解的,他也必能在商场中结交更好的生意伙伴,彰显自己非凡的能力。

一、宴会礼仪

宴会是以餐饮聚会为表现形式的一种高品位的社交活动方式,具有群集性、社交性和正规性的特征。宴会中吃是形式,社交是实质。

（一）筹备宴会的礼仪

1. 宴席邀请

正式的宴会必须要提前一至两周向客人发放请柬，一般一人一份（夫妻共一份）。便宴可发请柬也可不发，只要双方联系好即可，家宴以口头约定为主，一般不发放请柬。

请柬一般由标题、称谓、正文、结语、署名落款等五部分组成。请柬在语言上除要求简洁、明确外，还要措辞文雅、大方和热情，其基本格式要求如下。

（1）在封面上写"请柬"（请帖）二字。

（2）抬头写被邀请者（个人的姓名或单位）名称。

（3）正文部分交代宴请的事由、时间、地点。交代活动内容，如宴会、茶话会等；交代宴会的准确时间，不但要书写年、月、日、时，甚至要注明上午和下午；交代宴会举办的详细地点，如果活动地点比较偏僻，或者对于部分人来讲不熟悉，就要在请柬上注明行走路线、乘车班次等。

（4）结尾。如在结尾书写"此致—敬礼"、"顺致—崇高的敬意"等。

（5）署明邀请者（个人、单位）的名称和发出请柬的时间（有必要时，可附上入场券）。

作为一种国际通用的社交联络方式，发放请柬的注意事项有如下几点。

（1）托人转递请柬是不礼貌的。请柬的递送方式很有讲究。古代无论远近都要登门递送，表示真诚邀请的心意，现在也可邮寄，但一定注意不能托人转递，转递是很不礼貌的。请柬如果是放入信封当面递送，要注意信封不能封口，否则造成邀客又拒客的误会。

（2）请柬中应避免出现"准时"两字。在正文后可根据不同的情况采用"敬请光临"、"恭请光临"、"请光临指导"等结语。在一些请柬上，我们时常可以看到"请届时光临"的字样，"届时"是到时候的意思，表示出邀请者的诚意。但有些请柬把"届"字改成了"准"字，这样就成了命令式，体现了邀请者的高高在上，对被邀请者的不尊敬，在请柬中我们应该避免出现这样的结语。

在当代的请柬中一般用"此致、敬礼"的祝颂语作为最后致意。在文面的右下角签署邀请人的姓名。如果是单位发出的请柬，要签署主要负责人的职务和姓名，以主邀请人的身份告知对方。发文日期最好用汉字大写，以示庄重正式。

有些舞会、音乐会、大型招待会的请柬还写有各种附启语，如"每柬一人"、"凭柬入场"、"请着正装"等，通常写于请柬正文的左下方。

2. 桌次安排

正式宴会，一般都要事先安排好桌次，以便宴会参加者各入其位，入席时井然有序，同时也体现对客人的尊重。桌数较多时要摆放桌次牌，宴会正式开始应立即撤下。在正式的宴会厅内安排桌次时，应遵循以下五大原则，即"面门为上"，"居中为上","以右为上","以远为上"及"临台为上"。团体宴请中,宴桌排列一般以最前面的或居中的桌子为主桌。餐桌的具体摆放还应与宴会厅的地形条件而定,具体摆放图示如下。

（1）以右为上　当餐桌分为左右时,以面门为据,居右之桌为上,如图 7-1 所示。

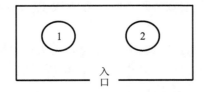

图 7-1　宴会桌次排列之一

（2）以远为上　当餐桌距离餐厅正门有远近之分时,以距门远者为上,如图 7-2 所示。

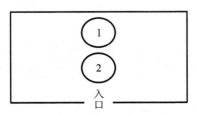

图 7-2　宴会桌次排列之二

（3）居中为上　多张餐桌并列时,以居于中央者为上,如图 7-3、图 7-4 所示。

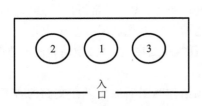

图 7-3　宴会桌次排列之三

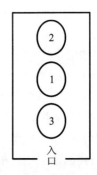

图 7-4　宴会桌次排列之四

（4）交叉使用　在桌次较多的情况下,上述排列往往交叉使用,如图 7-5、图 7-6 所示。

3. 位次安排

中国人一贯重视"座次",《礼记》中讲"天地位焉",意即天地万物各有其位,马虎不得。人与人之间的不同位置,反映了不同的身份、地位、级别,关系到某一社会、某个团体对一个人价值的肯定与否,是其个人价值的体现,也是社会对其个人地位的尊

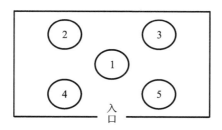

图 7-5　宴会桌次排列之五

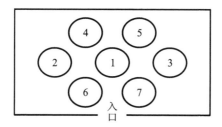

图 7-6　宴会桌次排列之六

重。目前我国主要有中式和西式两种位次的安排。

其中中式位次安排原则如下。

(1) 面门为上　即主人面对餐厅正门。有两位主人时,双方可相对而坐,即一人面门,一人背门,如图 7-7 至图 7-9 所示。

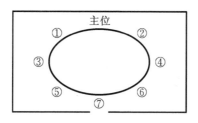

图 7-7　中餐席位排位之一

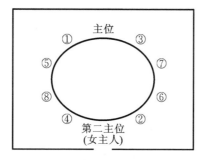

图 7-8　中餐席位排位之二

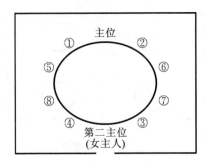

图 7-9　中餐席位排位之三

(2) 主宾居右　即主宾在主位(第一主位)右侧。

(3) 好事成双　即每张餐桌人数为双数,吉庆宴会尤其如此。

(4) 各桌同向　即每张餐桌的排位均大体相似。

西式宴会的席次排位也是讲究右高左低,同一桌上席位高低以距离主人座位远近而定。如果男、女主人并肩坐于一桌,则男左女右,尊女性坐于右席;如果男、女主人各居一桌,则尊女主人坐于右桌;如果男主人或女主人居于中央之席,面门而坐,则其右方之桌为尊,右手旁的客人为尊;如果男、女主人一桌对坐,则女主人之右为首席,男主人之右为次席,女主之左为第三席,男主人之左为第四席,其余位次依序而分。

西式宴会的席次一般根据宾客地位安排,女宾席次依据丈夫地位而定,也可以按类别分坐,如男女分坐、夫妇分坐、华洋分坐等。在我国,用西餐宴请客人时,通常采用按职务高低男女分坐的方式,如图 7-10、图 7-11 所示。

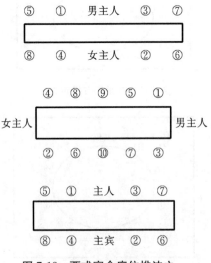

图 7-10　西式宴会席位排法之一

第七章 商务宴请礼仪

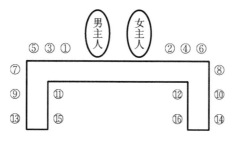

图 7-11　西式宴会席位排法之二

（二）出席宴会的礼仪

1. 尽早回复

接到邀请以后，无论能否参加，都要尽快给予回复。如果收到了请柬，还应以书面形式回复。在西方国家，正式晚会请柬的日期下，都有 R·S·V·P 四个法文缩写字母，意思是敬请赐复，这样的请柬，应当在收到后的一天内回复。

2. 适度修饰

出席宴会，应当精神饱满、容光焕发，这需要提前适度修饰仪表。男士要修整须发，女士应化妆。当然，无论男女，都要换好既符合自己在宴会上的身份，又突出自身气质的衣服。此外，皮鞋和袜子的协调、干净也要给予足够的注意，因为在宴会上，这些部位常常被他人所关注。

3. 遵守时间

出席宴会，迟到、早退或逗留时间过短，都被认为失礼或有意冷落。因此，要尽量避免迟到。当然，也不必到达过早，以免给人以贪吃之嫌。一般而言，按照规定时间提前 1～2 min 到达即可。

4. 适当交际

到达宴会场所后，应向在门口迎候的主人致以问候，表示谢意。按照西方人的习惯，应先问候女主人，再问候男主人，然后向其他客人问好。大型宴会不要急于入座，应等主人或服务员引座。如果一时无人引座，可先选择次要的座位坐下，待主人发现后再行调整。落座时，应从座位的左侧入座。如果身边有女宾或长者入座，男宾应主动为其移开椅子，待其入座后，自己再坐下。入座后，坐姿要端正，不要东张西望、举手投足，也不要摆弄菜谱、餐具。

5. 用餐文雅

用餐时应讲究礼节和小节，面对一座子美味佳肴不要急于动筷子，须等主人动筷说"请"之后才能动筷。主人举杯示意开始，客人才能用餐。如果酒量还能够承受，对主人敬的第一杯酒应喝干。用餐时应细嚼慢咽，不要发出咀嚼和咂嘴的声音。在正式宴会中，不允许边进餐边吸烟，吸烟须在进餐前或进餐后到休息室吸。

6. 退席时机

一般由主人表示结束宴会，主人、主宾离座后，其他宾客方可离开。如果自己确有要紧的事要办，可向主人悄悄告辞并且道谢，不必惊动太多客人。

7. 致谢礼节

退席时，客人应向主人有礼貌地握手致谢，称赞宴会组织得好，菜肴丰盛精美，或者在参加宴会后两三天之内，写信或打电话表示感谢。

二、商务酒会礼仪

酒会是西方社交非常重要的组成部分。在商务酒会上，商务人员一来可以加强跟老客户的联系与沟通，二来可以结交到不同的商业朋友，这可为未来的生意打下坚实的关系网。

（一）酒会的特点

酒会的特点有以下几个。

一是不必准时。虽然请帖上约定了时间，但不一定必须遵守，何时到场可由自己掌握。

二是不限衣着。穿着不必过于正式，端庄大方、整洁干净即可。

三是不排席次。主客均需站立，可以自由组合、随意交谈。

四是自由取食。与大型正式宴会不同的是，酒会上所提供的各类酒水、饮料、点心、小食品等，都是按照客人的口味与需要自由取食，也可从频繁穿行于客人中间的侍者那里选取。

（二）酒会的组织

按照举行时间的不同，酒会分为正餐之前的酒会和正餐之后的酒会两种。

正餐之前的酒会也称鸡尾酒会，一般在下午6点或6点半开始，持续两个小时左右。鸡尾酒会分为设座和不设座两种形式。在不设座的鸡尾酒会中，有时为了照顾年长者，也备一些椅子，这类酒会有明确的时间限制，一般在请帖中写明。以酒水招待为主，酒水分含酒精的酒水和不含酒精的饮料两类：含酒精的酒水至少要在三种以上，如雪利酒、香槟酒、红葡萄酒、白葡萄酒、混合葡萄酒、开胃酒和各种烈性酒；不含酒精的饮料至少准备一种，如果汁、矿泉水、牛奶等；食品从简，只备一些点心和开胃菜，如面包、三明治、热香肠、炸薯片等。

正餐之后的酒会，通常在晚上9点左右开始，一般不限定时间长短，客人可以根据自身情况随时告辞。这类酒会规模较大，常常播放音乐，并准备场地供来宾跳舞，这也要在请帖中说明。酒水供应大致与鸡尾酒会相同，但有时不备雪利酒。因酒会安排在晚餐之后，可不备食品，但如果是大型或正式酒会，应该准备夜餐。

（三）赴酒会的礼仪

1. 不可自作主张

事先未同主办方，特别是女主人商量就自带朋友参加酒会是非常不礼貌的行为。

2. 不可肆意强取

酒会提供的食品种类虽然不多，但也需要按照一定顺序取食，在用餐或品酒时，无论是去餐台取食，还是从侍者手中托盘里挑选酒水、饮料，都要注意秩序，礼貌待人，依礼排队，而不可出现加塞、哄抢、强取等不良行为。

3. 不可贪多浪费

选取小食品时，应该少量取之，切不可一味贪多，过量选取会造成浪费。取来的食物最好全部吃光，浪费食物会被他人唾弃。

4. 不可只顾吃喝

出席酒会的目的不只是为了品酒、娱乐，更重要的是与其他商务人员进行交流和沟通，建立和谐的人际关系，为更好地开展业务打下良好的合作基础。

5. 不可带走食物

酒会上提供的小食品或各色酒水，只可以在酒会现场任意取食，绝不可"顺手牵羊"私自带回家。

（四）酒会告辞礼仪

出席鸡尾酒会的客人应按请帖上写明的时间起身告辞。如果接到的是口头邀请，则应该认为酒会将进行两个小时。正餐之后的酒会的告辞时间按常识而定，如果酒会不是在周末举行，那就意味着告辞时间应在晚间十一时至午夜之间。若是周末，则可更晚一些。除非客人是主人的亲密朋友，一般都不应在酒会的最后阶段还心安理得地坐在那里。

在所有的（除了最大型的）酒会上，离开之前都应向女主人当面致谢，这是礼貌。倘若因故而不得不早一些告辞时，则致谢不能引人注目，以免使其他客人认为他们也该走了。

三、茶会礼仪

有客来访，待之以茶，以茶会友，情谊长久，这是我国传统的待客方式。茶会在我国有着悠久的历史。最早的茶会是为了进行交易和买卖。后来，茶会推而广之，成为一种用茶点招待宾客的社交性聚会形式。茶会既属于宴请的一种形式，又属于会议的一种，因而它具有宴请和会议二者的特点，从而在形式上较为自由，在气氛上更为融洽。在商务活动中，茶会主要是为交流思想、联络感情、洽谈业务、开展公务等目的。

（一）茶会的筹办礼仪

1. 正确拟定茶会的形式

茶会的形式多种多样,有品茶会、茶话会、音乐茶座等。一般庄重、高雅的茶友间相聚多用品茶会,单位集体座谈某种事项用茶话会,娱乐、消遣性聚会宜安排音乐茶座。

2. 选择合适的茶具

在招待客人时,茶具应有所讲究。从卫生健康角度考虑,泡茶要用茶壶,茶杯要用有柄的,不要用无柄茶杯,目的是避免手与杯体、杯口接触,传播疾病。茶具一般应选择陶质或瓷质器皿。陶质器皿以江苏宜兴的紫砂茶具为佳。不要用玻璃杯,也不要用热水瓶代替茶壶。如用高杯(盖杯)时,则可以不用茶壶,有破损或裂纹的茶具是不能用来待客的。

3. 选择合适的茶叶

由于是茶会,客人对茶叶的要求可能会较高。不同的地区,饮茶的习惯不同,应准备的茶叶也就不尽相同。广东、福建、广西、云南一带习惯饮红茶,近几年受港澳台影响,饮乌龙茶的人也多了起来。江南一带饮绿茶比较普遍。北方人一般习惯饮花茶,少数民族地区大多习惯饮浓郁的紧压茶。就年龄来讲,青年人多喜欢饮淡茶、绿茶,老年人多喜欢饮浓茶、红茶。不同情况下,应准备不同的茶叶,但都应该具有特色。

4. 布置要得当

品茶会布置要有地方特色,对茶叶和茶具的准备和摆布都有讲究。茶话会则比较随便一些,可加摆糖果、瓜子等。音乐茶座更加自由、活泼,乐曲准备比茶更重要,有时可以用饮料代茶。

（二）赴茶会的礼仪

1. 茶会开始

主持人应热情致辞欢迎应邀者光临,并讲明举办茶会的目的和内容。一般来说,茶会就座比较自由,讲话也不要求有严格的顺序,可随感而发,即席发言。当比较生疏的客人发言时,主持者应先介绍发言人的身份,以便大家有所了解。

2. 奉茶的时机

奉茶,通常安排在客人就座后,开始洽谈工作之前。另外,喝茶要趁热,凉茶伤胃,茶浸泡过久会泛碱味,不好喝,故一般应在客人坐好后再沏茶。

3. 奉茶的顺序

上茶时,一般由主人向客人献茶,或者由接待人员给客人上茶。上茶时最好用托盘,手不可触碗面。奉茶时,按先主宾后主人,先女宾后男宾,先主要客人后其他客人的礼遇顺序进行。不要从正面端茶,因为这样既妨碍宾主思考,又遮挡视线,应从每人的右后侧递送。

4. 斟茶的礼仪

在斟茶时,要注意每杯茶水不宜斟得过满,以免溢出洒在桌子上或溅到客人衣服上。一般斟七分满即可,应遵循"满杯酒、半杯茶"之古训。

5. 续茶的礼仪

茶会中陪伴客人品茶要随时注意客人杯中茶水存量,随时续水,应安排专人给客人续茶,续茶时服务人员走路要轻,动作要稳,说话声音要小,举止要落落大方。续茶时要一视同仁,不能只给一小部分人续,而冷落了其他客人。如用茶壶泡茶,则应随时观察是否添满开水,但注意壶嘴不要朝着客人方向。

6. 饮茶的礼仪

不论客人还是主人,饮茶要边饮边谈,轻啜慢咽,不宜将茶水一次饮干,不应大口吞咽茶水,喝得咕咚作响,应当慢慢地一小口、一小口地仔细品尝。如遇漂浮在水面上的茶叶,可用茶杯盖拂去,或者轻轻吹开,切不可从杯里捞出来扔在地上,更不要吃茶叶。

7. 其他注意礼仪

我国旧时有以再三请茶作为提醒客人应当告辞的做法,即端茶送客。因此,在招待老年人或海外华人时要注意,不要一而再、再而三地劝其饮茶。

(三) 茶会告辞礼仪

茶会进行到一定程度后,主人要适时地宣布茶会到此结束。茶会结束时的礼仪类同于前面的宴会结束时所应注意的礼仪,主人应站在门口恭送客人离去,并说些道别的客气话。

四、工作餐礼仪

(一) 工作餐的特点

1. 它重在创造一种氛围

同正式的宴会相比,工作餐所强调的不是形式与档次,而是意在以餐会友,重在创造出一种有利于商务人员进行进一步接触,以营造出轻松、愉快、和睦、融洽、友好的氛围。

2. 它具有某种实际目的

商务人员讲究的是务实,工作餐自然也是如此。同亲友之间的会餐相比,工作餐并非无所事事,单纯只是为了让大家碰碰头、谈谈心、联络一下感情而已。其实,它是以另外一种形式所继续进行的商务活动。换言之,它只不过是一种以餐桌充当会议桌或谈判桌进行的非正式的商务会谈而已。

3. 它要求的规模较小

一般来说，工作餐大都不是多边性聚会，而是以双边性聚会为主。它既可以是两个人之间的单独约会，也可以是有关双方各派几名代表参加。但是，参加工作餐的总人数，以不超过十人为好，与事无关者、配偶、子女等均不宜到场。

4. 它通常是在午间举行

为了合理地利用时间，不影响参加者的工作，工作餐通常都被安排在工作日的午间，利用工作之间的间歇举行。所以，它在欧美往往被称作工作午餐或午餐会。

5. 它可以随时随地举行

在举行工作餐之前，做东者不必向客人发出正式的请柬，客人也不必为此而提前向做东者正式进行答复。一般而言，只要双方感到有必要坐在一起交换一下彼此之间的看法，或者就某些问题进行磋商时，就可以随时随地举行工作餐。时间不必早早商定，地点也可以临时选择。它可以由一方提议，也可以由双方共同决定；可以提前若干天约好，也可以当天临时决定。总之，只要有关各方同意参加，工作餐即可举行。

6. 它由提议者出面做东

工作餐多在外面的营业性餐馆里举行，所以其做东者也有特殊之处。根据惯例，无论工作餐举行于何处，哪一方首先提议举行工作餐，即应由哪一方出面做东。从名义上说，为工作餐所进行的一切准备性工作，均应由做东者负责，实际上，由于名义上的主人位高、事繁，所以着手张罗工作餐的，多是其秘书或公关人员。

（二）工作餐的安排

安排工作餐，这里主要指在工作餐进行之前的有关准备事项。它主要分为目的、时间、地点等三个具体问题。

1. 目的

主动提议与他人一起共进工作餐，提议者大都心里有数，易于借此机会来实现自己的某种目的。

2. 时间

举行工作餐的具体时间，原则上应当由工作餐的参与者共同协商决定。有时也可由做东者首先提议，并且经过参与者同意后决定工作餐的时间。按照惯例，举行工作餐的最佳时间，通常被认为是中午的十二点左右。若无特殊情况，每次工作餐的进行时间以一个小时左右为宜，至多也不超过两个小时。当然，若是届时有要事尚未谈完，而大家又一致同意，适当地延长一段时间也是未尝不可的。

3. 地点

根据惯例，举行工作餐的地点应由做东者选定，客人们应当遵循客随主便的原则。具体而言，举行工作餐的地点可有多种多样的选择，如饭庄、宾馆、俱乐部、高档的咖啡厅、快餐店等,都可予以考虑。不过从总体上讲,选定工作餐的具体地点时,应当主要兼顾做东者的主要目的与客人的实际情况。

(三) 工作餐的做东

作为工作餐的做东者在举行工作餐的时候,必须负责如下几件事情。

1. 要负责通知客人

正式决定进行工作餐之后,依照常规,做东者应将相关的时间、地点、人员、议题等通报给其他人员。对于重要的人士,必须由做东者亲自相告。

2. 要负责餐厅订座

前往一些著名的餐厅举行工作餐,通常需要提前预订座位,此事依例应由做东者负责前往餐厅订座。目前餐厅订座主要有下列五种方法:一是派遣专人前去订座;二是拨打指定的电话号码进行订座;三是利用传真进行订座;四是利用电子计算机网络进行订座;五是使用餐厅所发放的特惠卡或 VIP 卡进行订座。在上述五种方法之中,具体采用哪一种方法为好,关键是要看哪种有效。

在订座时,必须将自己的有关要求,如理想的位置、用餐的时间、到场的人数、特殊的要求、付费的方式等同时告诉餐厅的工作人员。有必要的话,还应依照对方的要求,预付一定数额的订金。

3. 要负责迎接客人

商务礼仪规定,举行工作餐时,做东者必须先于客人抵达用餐地点,以迎接客人们的到来。在正常情况之下,做东者应当至少提前 10 min 抵达用餐地点,稍作休整之后,即应在适当之处恭迎客人们。一般认为,除餐馆的正门之外,预定好的餐桌旁、餐馆里的休息室,以及宾主双方提前约好的会面地点,都是做东者迎宾的合适之处。

如果做东者因故不能提前抵达用餐地点迎接客人,最好是委托专人代表自己前往。必要时,做东者还需说明原因,并为此向客人致歉。不管怎么说,客人准时抵达后而无人迎候,那算是做东者的失礼。

4. 要付责餐费结算

根据常规,工作餐的结算,应由做东者负责。具体来讲,工作餐的付费方式通常分为主人付费与各付其费两种。

所谓主人付费,指的是在就餐结束后,由做东者自掏腰包,负责买单付账。若是宾主十分熟悉,则做东者在餐桌上当着客人们的面算账掏钱即可。正规的做法是做东者应当先与侍者通通气,独自前往收款台结账,或者在自己送别客人之后,再回过头来结账。尽量不要让侍者当着客人们的面口头报账,更不能让侍者将账单不明主次地递到客人的手里。

所谓各付其费,又称"AA 制",它是指就餐结束后,由全体用餐者平均分摊账单,各自支付自己所应支付的餐用。在国外,商务人员在共进工作餐时,更多的是以此种方式付费。采用此种付费方式,需要有言在先。在算账时,做东者所要做的,主要是动手算账,伸手收钱,跑腿交费而已。

(四)工作餐的进行

在参加工作餐时,宾主双方都需要注意以下事项。

1. 就餐的座次

鉴于工作餐是一种非正式的商务活动,在餐桌上就座时,座次往往不分主次,可自由就座。不过出于礼貌,做东者不应率先就座,而是应当落座于主宾之后。若是做东者为主宾让座,一般应当请对方就座于下列几处较佳的座次:做东者的右侧或正对面、面对正门之处、视野开阔之处,以及能够观赏优美的景致的位置。做东者宜坐的位置则在主宾之左或其正对面。做东者与主宾是同性,则双方就座时可根据具体情况进行选择;做东者与主宾若为异性,则双方最好是对面而坐。

2. 菜肴的选择

与宴会、会餐相比,工作餐仅求吃饱,而不刻意要求吃好。因此,工作餐的菜肴可不必过于丰盛,应以简单为好。根据常规,工作餐的菜肴安排应当由做东者负责,在具体安排菜肴、饮料时,最好要先问问对方的饮食禁忌。出于卫生方面的考虑,工作餐最好采取"分餐制"的就餐方式。

为不耽误工作,工作餐上的饮料应将烈性酒除外。同时,全体就餐者还需自觉地禁烟,而不论自己就餐的餐厅是否有此规定。

3. 席间的交谈

举行工作餐时,讲究的是办事与吃饭两不耽误。所以,在为时不多的进餐期间,宾主双方对拟议的有关实质性问题进行交谈,通常开始宜早不宜晚,不要等到大家都吃饱喝足了,方才正式开始交谈。那样一来,时间往往不太够用。

依照商务礼仪规定,待主宾用毕主菜之后,做东者便可以暗示对方交谈可以开始。此刻,做东者说一声"大家谈一谈吧",道一句"向您请教一件事情",皆可作为交谈的正式开始。在点菜后、上菜前,也可开始正式交谈。

4. 用餐的终止

进行工作餐,必须注意适可而止。依照常规,拟议的问题一旦谈妥,工作餐即可告终。在一般情况下,宾主双方均可首先提议终止用餐。做东者将餐巾放回餐桌之上,或者吩咐侍者来为自己结账,客人长时间的默默无语或反复地看表,都是在向对方发出"用餐可以到此结束"的信号。尤其是客人需要"赶点"去忙别的事情,或者宾主双方接下来还有其他事情要办时,主人更是应当掌握好时间,使工作餐适时地宣告结束。

第三节 西餐礼仪

西餐是对西方国家餐饮的一种统称,主要使用刀叉进食,具体可分为法式、英式和国际式等,其用餐文化习俗各有不同,但基本礼仪要求还是一致的。西餐讲究 4M

原则,即 menu(精美的菜单)、manners(优雅的用餐礼节)、music(动听的音乐)和 mood(迷人的氛围)。西餐吃的是一种情调和氛围,但面对烦琐复杂的刀叉和礼仪,许多人却会吃出尴尬。随着对外交往的越来越频繁,西餐也离我们越来越近。只有掌握一些西餐礼仪,在必要的场合,才不至于"出意外"。

一、西餐餐具使用礼仪

广义的西餐餐具包括刀、叉、匙、盘、杯及餐巾等。其中盘又有菜盘、布丁盘、奶盘、白托盘等;酒杯更是讲究,正式宴会几乎每上一种酒,都要换上专用的玻璃酒杯。狭义的餐具则专指刀、叉、匙三大件。刀分为食用刀、鱼刀、肉刀(刀口有锯齿,用以切牛排、猪排等)、黄油刀和水果刀。叉分为食用叉、鱼叉、肉叉和虾叉。匙则有汤匙、甜食匙、茶匙。公用刀、叉、匙的规格明显大于餐用刀、叉、匙。下面分别介绍其摆放和使用的礼仪。

(一)餐具的排列

餐具的排列应注意如下几点(见图 7-12)。
(1)摆在中央的称为摆饰盘或展示盘,餐巾置于装饰盘的上面或左侧。
(2)盘子右边摆刀、汤匙,左边摆叉。注意刀叉数目应与菜数相等,刀刃对着盘子,叉齿向上。刀叉视需要由外至内使用。
(3)玻璃杯摆右上角,最大的是装水用的高脚杯,次大的是红葡萄酒所用的,而细长的玻璃杯是白葡萄酒所用,视情况也会摆上香槟或雪莉酒所用的玻璃杯。
(4)面包盘和奶油刀置于左手边,装饰盘对面则放咖啡或吃点心所用的小汤匙和刀叉。

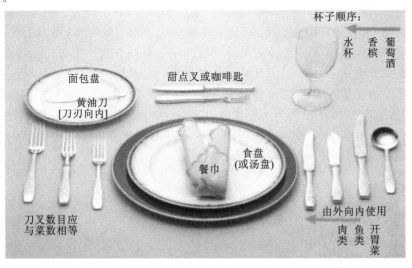

图 7-12　西餐餐具摆放示意图

（二）餐巾使用礼仪

1. 餐巾要放在腿上

从餐桌上拿起餐巾，先对折，再将褶线朝向自己，摊在腿上。绝不能把餐巾抖开，如围兜般围在脖子上或塞在领口。假如衣服的质地较滑，餐巾容易滑落，那应该以较不醒目的方法，将餐巾的一角塞进腰带里，或者将左右两端塞在大腿下。

2. 餐巾用来擦拭嘴巴

餐巾是为了预防调味汁滴落，弄脏衣物，但最主要的还是用来擦拭嘴巴。吃了油腻的食物后满嘴油渍，若以这副尊容与人说话，委实不雅。况且，喝酒时还会把油渍留在玻璃杯上，这样就更加难看。至于口红也是同样要用餐巾略擦一擦，避免唇印沾在酒杯上。

3. 餐巾用毕无须折叠整齐

用餐完毕要站起来，首先将腿上的餐巾拿起，随意叠好，再把餐巾放在餐桌的左侧，然后起身离座。如果站起来后才甩动或折叠餐巾，就不合乎礼节了。如有主宾或长辈在座，一定要等他们拿起餐巾折叠后才能跟着动作。

4. 餐巾在中途暂时离席的处理

宴席中最好避免中途离席，需要暂时离席时，许多人会把餐巾叠好放在椅子上，这种处理方式并没有错，因为餐巾摆放在桌上容易被误会已经离席。其实，最理想的方式是用盘子或刀子压住餐巾的一角，让它从桌沿垂下，当然脏的那一面要朝内侧才显得雅观。

（三）刀叉使用礼仪

使用刀叉时，从外侧往内侧取用刀叉，要左手持叉，右手持刀。切东西时左手拿叉按住食物，右手拿刀切成小块，用叉子往嘴里送。用刀的时候，刀刃不可以朝外。进餐中途需要休息时，可以放下刀叉并摆成八字形状摆在盘子中央，表示没吃完，还要继续吃。每吃完一道菜，将刀叉并排放在盘中，表示已经吃完了，可以将这道菜或盘子拿走。如果是谈话，可以拿着刀叉，但不要挥舞。不用刀时，可用右手拿叉，需要做手势时，也应放下刀叉，千万不要拿着刀叉在空中挥舞摇晃，不要一手拿刀或叉，另一只手拿餐巾擦嘴，也不要一手拿酒杯，另一只手拿叉取菜。任何时候，都不要将刀叉的一端放在盘上，另一端放在桌上。

（四）餐匙使用礼仪

餐匙也叫调羹。品尝西餐时，餐匙是一种不可或缺的餐具。商务人员应该掌握其区别和用法两大问题。

1. 餐匙的区别

在西餐的正餐里，一般至少会出现两把餐匙，即汤匙和甜品匙。它们形状不同、用途不一,摆放的位置也有各自的既定之处。相对而言,个头较大的餐匙为汤匙,通常它与餐刀并列纵放在用餐者右侧的最外端。另一把个头较小的餐匙则为甜品匙,在通常情况下,它应当被横向摆放在吃甜品所用刀叉的正上方,并与其并列。如果不吃甜品,甜品匙有时也会被个头同样大小的茶匙所取代。

2. 餐匙的用法

在使用餐匙时,下述四点必须予以高度重视。

第一,使用餐匙取食时,动作应干净利索,切勿在甜品或汤中搅来搅去。另外,还要适可而止,不要过量,而且一旦入口,就要一次将其吃完。餐匙入口时,应以其前端入口,而不是将它全部塞入口中。

第二,使用餐匙时,要尽量保持其周身的干净清洁,不要把它弄成"色彩缤纷"、"浑身挂彩"。

第三,餐匙除了可以饮汤、吃甜品之外,绝对不可直接舀取其他任何主食、菜肴等。

第四,使用过的餐匙,切不可再放回原处,也不可将其插入菜肴、主食中,或者令其"站立"于甜品、汤盘或红茶杯之中。

(五)酒杯使用礼仪

手持酒杯杯柱的部分,举高约低于眼睛 5 cm 左右。杯口若留有口红印是不礼貌的,应在趁人不注意时,偷偷用手指擦掉唇印,再用餐巾擦手。

二、西餐菜肴食用礼仪

西餐是西方欧美各国菜肴的总称,包括法餐、美餐、英餐、俄餐、意大利餐等几种,其中以法国菜和意大利菜为主流。

(一)上菜顺序

西餐正餐的上菜顺序既复杂多样,又非常讲究,一般有"一主六配"构成,或者配七八道菜肴。按上菜的顺序,吃什么菜用什么餐具,喝什么酒用什么酒杯,一顿内容完整的正餐,一般要吃上一两个小时。

1. 头盘

西餐的第一道菜是头盘,也称开胃品。开胃品的内容一般有冷头盘和热头盘之分,常见的品种有鱼子酱、鹅肝酱、熏鲑鱼、奶油鸡酥盒、焗蜗牛等。开胃品一般都有特色风味,味道以咸和酸为主,而且数量少,质量较高。

2. 汤

和中餐不同的是,西餐的第二道菜就是汤。西餐的汤大致可分为清汤、奶油汤、蔬菜汤和冷汤等四类。品种有牛尾清汤、各式奶油汤、海鲜汤、美式蛤蜊汤、意式蔬菜汤、俄式罗宋汤、法式焗葱头汤等。冷汤的品种较少,有德式冷汤、俄式冷汤等。

3. 副菜

水产类菜肴一般作为西餐的第三道菜,也称副菜。水产类包括各种淡水鱼类、海鱼类、贝类及软体动物类等。通常水产类菜肴与蛋类、面包类、酥盒菜肴品都称为副菜。因为鱼类等菜肴的肉质鲜嫩,比较容易消化,所以放在肉类菜肴的前面。西餐吃鱼类菜肴讲究使用专用的调味汁,品种有鞑靼汁、荷兰汁、酒店汁、白奶油汁、大主教汁、美国汁和水手鱼汁等。

4. 主菜

肉、禽类菜肴是西餐的第四道菜,也称主菜。肉类菜肴的原料取自牛、羊、猪、小牛仔等各个部位的肉,其中最有代表性的是牛肉或牛排。牛排按其部位又可分为沙朗牛排(也称西冷牛排)、菲利牛排、T型牛排、薄牛排等,其烹调方法常用烤、煎、铁扒等。肉类菜肴配用的调味汁主要有西班牙汁、浓烧汁精、蘑菇汁、白尼斯汁等。

禽类菜肴的原料取自鸡、鸭、鹅,通常将兔肉和鹿肉等野味也归入禽类菜肴。禽类菜肴品种最多的是鸡,主要有山鸡、火鸡、竹鸡等,可煮、炸、烤、焖,主要的调味汁有黄肉汁、咖喱汁、奶油汁等。

5. 蔬菜类菜肴

蔬菜类菜肴可以安排在肉类菜肴之后,也可以和肉类菜肴同时上,所以,蔬菜类菜肴可以算为一道菜或称为一种配菜。蔬菜类菜肴在西餐中称为沙拉,和主菜同时上的沙拉,称为生蔬菜沙拉,一般用生菜、西红柿、黄瓜、芦笋等制作。沙拉的主要调味汁有醋油汁、法国汁、干岛汁、奶酪沙拉汁等。

沙拉除了用生蔬菜之外,还可用鱼、肉、蛋类制作,这类沙拉一般不加味汁,在进餐顺序上可以作为头盘。另外,还有一些蔬菜是熟的,如花椰菜、煮菠菜、炸土豆条等。熟食的蔬菜通常和主菜的肉食类菜肴一同摆放在餐盘中上桌,称为配菜。

6. 甜品

西餐的甜品是在主菜后食用的,可以算做是第六道菜。从真正意义上讲,它包括所有主菜后的食物,如布丁、煎饼、冰淇淋、奶酪、水果等。

7. 咖啡、茶

西餐的最后一道是上饮料、咖啡或茶。喝咖啡一般要加糖和淡奶油。茶一般要加香桃片和糖。

(二) 西餐的吃法

1. 吃面包和黄油

自己拿面包和黄油,然后用手把面包掰成几小块,抹一块,吃一块。吃三明治时,小的三明治和烤面包是用手拿着吃的,大点的吃前先切开。配卤汁吃的热三明治需要用刀和叉。

2. 吃肉类

西方人吃肉(是指羊排、牛排、猪排等)一般都是大块的。吃的时候,用刀叉把肉切成一小块,大小刚好是一口。吃一块,切一块,不要一下子全切了,也千万不要用叉子把整块肉夹到嘴边,边咬、边咀嚼、边吞咽。吃牛肉(牛排)时可以按自己爱好决定生熟的程度,预定时,服务员或主人会问你生熟的程度。吃有骨头的肉,比如吃鸡的时候,不要直接"动手",要用叉子把整片肉固定(可以把叉子朝上,用叉子背部压住肉),再用刀沿骨头插入,把肉切开,边切边吃。如果骨头很小,可以用叉子把它放进嘴里,在嘴里把肉和骨头分开后,再用餐巾盖住嘴把它吐到叉子上,然后放到碟子里。不过需要直接"动手"的肉,洗手水往往会和肉同时端上来。一定要时常用餐巾擦拭手和嘴。吃鱼时不要把鱼翻身,吃完上层后用刀叉剔掉鱼骨后再吃下层。

3. 吃沙拉

西餐中,沙拉往往出现在以下几种场合里:作为主菜的配菜,如常见的蔬菜沙拉;作为间隔菜,如在主菜和甜点之间;作为第一道菜,如鸡肉沙拉。如果沙拉是一大盘端上来就使用沙拉叉。如果和主菜放在一起则要使用主菜叉来吃。如果沙拉是间隔菜,通常要和奶酪、炸玉米片等一起食用。先取一两片面包放在你的沙拉盘上,再取两三片玉米片,奶酪和沙拉要用叉子吃,而玉米片可以用手拿着吃。如果主菜沙拉配有沙拉酱,可以先把沙拉酱浇在一部分沙拉上,吃完这部分后再加酱。直到加到碗底的生菜叶部分,这样浇汁就容易了。沙拉习惯的吃法应该是将大片的生菜叶用叉子切成小块,如果不好切可以刀叉并用。一次只切一块,吃完再切。

4. 喝汤

喝汤时不要啜,吃东西时要闭嘴咀嚼。不要舔嘴唇或啜嘴发出声音,即使汤菜再热,也不要用嘴吹。要用汤匙从里向外舀,汤盘里的汤快喝完时,可以用左手将汤盘的外侧稍稍翘起,用汤匙舀净就行了。吃完后,将汤匙留在汤盘里,匙把指向自己。

5. 吃蚝和文蛤

吃蚝和文蛤用左手捏着壳,右手用蚝叉取出蚝肉,蘸调味料用蚝叉吃。小虾和螃蟹的混合物也可以单独蘸调味料,用蚝叉吃。

6. 吃意大利面

吃意大利面,要用叉子慢慢地卷起面条,每次卷四五根最为方便。也可以用调羹和叉子一起吃,调羹可以帮助叉子控制滑溜溜的面条,不能直接用嘴吸,不然容易把汁溅得到处都是。

7. 吃水果

在许多国家,把水果作为甜点或随甜点一起上,通常是许多水果混合在一起,做成水果沙拉,或者做成水果拼盘。

吃水果关键是怎样去掉果核,不能拿着整个去咬。在有刀叉的情况下,应小心地使用,用刀切成四瓣再去皮核,用叉子叉着吃,要注意别把汁溅出来。没有刀或叉时,可以用你的两个手指把果核从嘴里轻轻拿出,放在果盘的边上。把果核直接从嘴里吐出来是非常失礼的行为。

8. 西式快餐和小吃

汉堡包和热狗是用手拿着吃的,但一定要用餐巾纸垫住,让酱汁流到餐巾上,而不是流到你的手或衣服上。为防止万一,可以一只手拿餐巾垫住,另一只手准备一两张餐巾备用。比萨饼可以用手拿着饼块,把外边转向里,防止上面的馅掉出来。

第四节 中餐礼仪

中华饮食,源远流长。在这自古为礼仪之邦,讲究民以食为天的国度里,饮食礼仪自然成为饮食文化的一个重要部分。饮食礼仪因宴席的性质不同,目的也有所不同;不同的地区,也是千差万别。

一、中餐餐具使用礼仪

和西餐相比,中餐的一大特色是餐具不同,下面将介绍中餐主要餐具的使用礼仪。

(一)筷子

中餐最主要的餐具是筷子,筷子必须成双使用。中餐用餐礼仪中,用筷子取菜时,需注意下面几个问题。

(1)要注意筷子是用来夹取食物的,用来挠痒、剔牙或用来夹取食物之外的东西都是失礼的。

(2)与人交谈时,要暂时放下筷子,不能一边说话,一边像指挥棒似的舞动筷子。

(3)不论筷子上是否残留食物,千万不要去舔。

(4)不要把筷子竖抵放在食物的上面。因为在中国习俗中只在祭奠死者的时候才用这种抵法。

(二)勺子

中餐里勺子的主要作用是舀取菜肴和食物。有时,在用筷子取食的时候,也可以使用勺子来辅助取食,但是尽量不要单独使用勺子去取菜。同时,在用勺子取食物时,不要舀取过满,以免溢出弄脏餐桌或衣服。在舀取食物后,可在原处暂停片刻,等汤汁不会再往下流再移过来享用。

用餐间,暂时不用勺子时,应把勺子放在自己身前的碟子上,不要把勺子直接放在餐桌上,或者让勺子在食物中"立正"。用勺子取完食物后,要立即食用或把食物放在自己碟子里,不要再把食物倒回原处。若是取用的食物太烫,则不可用勺子舀来舀去,也不要用嘴对着勺子吹,应把食物先放到自己碗里等凉了再吃,注意不要把勺子塞到嘴里,或者反复舔食吮吸。

(三) 碗

中餐的碗可以用来盛饭、盛汤,进餐时,可以手捧饭碗就餐。拿碗时,用左手的四个手指支撑碗的底部,拇指放在碗端。吃饭时,饭碗的高度大致和下巴保持一致。如果汤是单独由带盖的汤盅盛放的,表示汤已经喝完的方法是将汤勺取出放在垫盘上,把盅盖反转平放在汤盅上。

(四) 盘子

中餐的盘子有很多种,稍小点的盘子称为碟子,主要用于盛放食物,使用方法和碗大致相同。用餐时,盘子在餐桌上一般要求保持原位,且不要堆在一起。

需要重点介绍的是一种用途比较特殊的盘子——食碟。食碟在中餐里的主要作用是用于暂放从公用的菜盘中取来享用的菜肴。使用食碟时,一般不要取过多的菜肴放在食碟里,那样看起来既烦乱不堪,又好像是饿鬼投胎,十分不雅。不吃的食物残渣、骨头、鱼刺不要吐在饭桌上,而应轻轻取放在食碟的前端,取放时不要直接吐到食碟上,而要使用筷子夹放到碟子前端。如食碟放满了,可示意让服务员换食碟。

(五) 汤盅

汤盅是用来盛放汤类食物的。用餐时,使用汤盅需注意,如果将汤勺取出放在垫盘上并把盅盖反转平放在汤盅上,就表示汤已经喝完了。

(六) 水杯

中餐的水杯主要用于盛放清水、果汁、汽水等软饮料。注意不要用水杯来盛酒,也不要倒扣水杯。另外需注意,喝进嘴里的东西不能再吐回水杯里,这样是十分不雅的。

(七) 牙签

牙签也是中餐餐桌上的必备之物,它有两个作用:一是用于扎取食物;二是用于剔牙。用餐时尽量不要当众剔牙,非剔不行时,要用另一只手掩住口部,剔出来的食物,不要当众"观赏"或再次入口,更不要随手乱弹、随口乱吐。剔牙后,不要叼着牙签,更不要用其来扎取食物。

(八) 餐巾

中餐用餐前,一般会为每位用餐者上一块湿毛巾,这块湿毛巾的作用是擦手,擦手后,应该把它放回盘子里,由服务员拿走。宴会结束前,服务员会再上一块湿毛巾,和前者不同的是,这块湿毛巾是用于擦嘴的,不能用其擦脸或抹汗。

二、点菜礼仪

中国饮食礼仪有着几千年的历史底蕴,随着社会发展,各种对外的饮食礼仪也在不断变化。时至今日,一顿标准的中式大餐,通常会先上冷盘,接下来是热炒,随后是主菜,然后上点心和汤,如果感觉吃得有点腻,可以点一些餐后甜品,最后是上果盘。在点菜中要顾及各个程序的菜式,要做到"三优四忌"。

三优是指优先考虑的菜肴有三类。

(1) 有中餐特色的菜肴　宴请外宾的时候,这一条更要重视,像炸春卷、煮元宵、蒸饺子、狮子头、宫保鸡丁等,并不是佳肴美味,但因为具有鲜明的中国特色,所以受到很多外国人的推崇。

(2) 有本地特色的菜肴　比如西安的羊肉泡馍,湖南的毛家红烧肉,上海的红烧狮子头,北京的涮羊肉,在那里宴请外地客人时,上这些特色菜,恐怕要比千篇一律的生猛海鲜更受好评。

(3) 本餐馆的特色菜　很多餐馆都有自己的特色菜,上一份本餐馆的特色菜,能说明主人的细心和对被请者的尊重。

四忌在于安排菜单时,还必须考虑来宾的饮食禁忌,特别是要对来宾的饮食禁忌高度重视。这些饮食方面的禁忌主要有以下四条。

(1) 宗教的饮食禁忌　例如,穆斯林通常不吃猪肉,并且不喝酒。国内的佛教徒少吃荤腥食品,它不仅指的是肉食,而且包括葱、蒜、韭菜、芥末等气味刺鼻的食物。一些信奉观音的佛教徒在饮食中尤其禁吃牛肉,这点在招待港澳台及海外华人同胞时尤要注意。

(2) 个人健康禁忌　例如:心脏病、脑血管、肝硬化、高血压和中风后遗症的人,不适合吃狗肉;肝炎病人忌吃羊肉和甲鱼;胃肠炎、胃溃疡等消化系统疾病的人也不合适吃甲鱼;高血压、高胆固醇患者,要少喝鸡汤等。

(3) 不同地区的饮食偏好　比如,湖南人普遍喜欢吃辛辣食物,少吃甜食。英美国家的人通常不吃宠物、稀有动物、动物内脏、动物的头部和脚爪。另外,宴请外宾时,尽量少点生硬需啃食的菜肴,老外在用餐中不太会将咬到嘴中的食物再吐出来,这也需要考虑。

(4) 不同职业的特殊禁忌　例如,国家公务员在公务宴请时不准大吃大喝,不准超过国家规定的用餐标准,不准喝烈性酒。再如,驾驶员在工作期间不得喝酒,要是忽略了这一点,极有可能使对方犯错误。

三、酒水礼仪

在较为正式的场合,饮用酒水颇为讲究具体的程式。在常见的饮酒程式中,斟酒、敬酒、干杯应用最多。

（一）斟酒

通常酒水应当在饮用前斟入酒杯。有时，主人为了表示对来宾的敬重、友好，还应亲自为其斟酒。在侍者斟酒时，勿忘道谢，但不必拿起酒杯。在主人亲自斟酒时，则必须端起酒杯致谢，必要时，还需起身站立或欠身点头为礼。

主人为来宾所斟的酒，应是本次宴会上最好的酒，并应当场启封。斟酒时要注意三点：其一，要做到面面俱到、一视同仁，切忌有挑有拣，只为个别宾客斟酒；其二，要注意斟酒顺序，可以依顺时针方向，从自己所坐之处开始，也可以先为尊长、嘉宾斟酒；其三，斟酒需要适量。白酒与啤酒可以斟满，而其他洋酒则无此讲究，要是斟得过满使之溢出，反而显得不合适。除主人与侍者外，其他宾客一般不宜自行为他人斟酒。

（二）敬酒

敬酒也称祝酒，是指在正式宴会上，由主人向来宾提议为了某种事由而饮酒。在敬酒时，通常要讲一些表示祝愿、祝福的话语。在正式宴会上，主人与主宾还会郑重其事地发表一篇专门的祝酒词。因此，敬酒往往是宴会上必不可少的一项程序。敬酒可以随时在饮酒的过程中进行，频频举杯祝酒会使现场氛围热烈而欢快。不过，在致正式的祝酒词时，应在特定的时间内进行，并以不影响来宾用餐为首要考虑因素。不管是正式祝酒词，还是在普通情况下的祝酒词，内容均应越短越好，千万不要长篇大论、喋喋不休，让他人等候良久。通常情况下，致祝酒词最适合在主宾入席后、用餐前开始，有时，也可以在吃过主菜之后、上甜品之前进行。在他人敬酒或致辞时，其他在场者应一律停止用餐或饮酒，并坐在自己座位上，面向对方洗耳恭听，不可小声议论，或者公开表示反感对方的啰嗦。

（三）干杯

在干杯时，往往要喝干杯中之酒，故称干杯。有的时候，干杯者相互之间还要碰一下酒杯，所以又称碰杯。干杯，需要有人率先提议，提议干杯者，可以是致祝酒词的主人、主宾，也可以是其他任何在场饮酒的宾客。提议干杯时，应起身站立，右手端起酒杯，或者用右手拿起酒杯后，再以左手托扶其杯底，面含笑意地目视他人，尤其是要向自己的祝酒对象口诵祝酒词，如祝对方"身体健康"、"生活幸福"、"节日快乐"、"工作顺利"、"事业成功"及"双方合作成功"等。

在主人或他人提议干杯后，应当手持酒杯起身站立，即便滴酒不沾，也要举起水杯助兴。在干杯时，应手举酒杯至双眼高度，将酒一饮而尽或饮去一半，或者饮去适当的量。然后，还需手持酒杯与提议干杯者对视一下，这一过程方告结束。

第五节　我国少数民族饮食特点

中国的饮食文化源远流长,其中,少数民族的饮食风俗占了举足轻重的一部分。正因为这些少数民族风格迥异的饮食文化的存在,中国才体现出了她在饮食方面的真正魅力所在。下面将选取代表性的少数民族饮食特点予以介绍。

一、回族

回族在我国人口较多、分布较广,以宁夏回族自治区为主,在甘肃、陕西、贵州、青海、云南、北京、天津等省、市、自治区也有大小不等的回族聚居区。回族信仰伊斯兰教,回族各方面习俗均受伊斯兰教的影响。

开斋节是穆斯林的两大节日之一,时间是回历(即希古拉历)的9月29日或10月1日,在我国新疆地区又称肉孜节。按伊斯兰教规定,回历9月为斋月,穆斯林要斋戒一个月,到斋月结束时要寻看新月,见到后次日开斋,如未见到,则开斋顺延,但一般不会超过三日。开斋节前,穆斯林要按本人家中人口向穷人发放开斋捐(相当于一人一天的生活费),钱物均可,并做开斋节的拜功等。在节日的上午,穆斯林要淋浴、刷牙,穿最好的衣服去清真寺举行"合礼"仪式等庆祝活动,尔后互祝节日幸福快乐。一般的家庭都备有各种佳肴,宴请宾朋,互相赠送礼物。开斋节一般为期三天。

回族人一日三餐,饮食习惯与汉族差别较大。回族日常饮食因聚居各地区的主要农产品不同而略有变化,以面粉、大米为主,辅以玉米、豌豆等杂粮。回族人喜欢吃牛、羊、鸡、鸭肉和带鳞的鱼类,爱吃蔬菜;不吃马、驴、骡、狗的肉,尤其忌食猪肉;不吃动物的血液,不吃自死的禽畜和非穆斯林宰杀的牲畜和牛、羊肉罐头,也不吃非清真店制作的食品。

回族人热情好客,总以好茶好饭款待客人,还以给客人加菜、饭为敬。回族一般不嗜烟和酒,喜欢喝茶。回族给客人倒茶、端茶等都使用右手,客人要双手相接,否则视为无礼。

二、维吾尔族

维吾尔族占新疆总人口的五分之三左右,大部分聚居在天山以南,伊犁等北疆各地也有散居。维吾尔族信奉伊斯兰教,家庭、婚姻、饮食等诸方面均受到宗教的影响。因此,具有信奉伊斯兰教民族所共有的饮食禁忌,禁食猪肉、驴肉、骡肉、狗肉、动物血及自死的牲畜。维吾尔族人讲究卫生,尤其注意饮水清洁。吃饭时,不能随便拨弄盘中食物,也不能随便到灶台前面。盛饭或与人交谈时禁忌吐痰,吃剩的残骨要放在自己面前的桌布上,不可乱扔。

维吾尔族饮食很有特色,一种用白面或玉米面在特别的火坑中烤制而成的、形似面饼被称为"馕"的食品是维吾尔族家常主食之一。在维吾尔族村镇上,家家户户都修有"馕"坑。维吾尔族人吃"馕"是有讲究的,都是用手掰开后再食用,不允许拿着整个"馕"咬食。烤羊肉串是维吾尔族的传统食品,烤出的肉味鲜、香辣,很有特色。抓饭、拉面也是维吾尔族人喜爱的食品。副食品有牛、羊、鸡肉和各种蔬菜,但不吃素菜,做菜必须加肉。

维吾尔族同其他信仰伊斯兰教的民族一样,特别重视三大宗教节日,尤其视"古尔邦节"为大年,庆祝活动极为隆重,沐浴礼拜,宰牛杀羊馈赠亲友,接待客人。节日的筵席上,主要有手抓饭、馓子、手抓羊肉、各式糕点、瓜果等。维吾尔族人喜食水果,这与新疆盛产葡萄、哈密瓜、杏、苹果等果品有关,可以说瓜果是维吾尔族人民的生活必需品。

三、藏族

藏族主要分布在辽阔的青藏高原,聚居在西藏自治区,以及青海、甘肃、四川、云南等地的藏族自治州、藏族自治县。藏族信仰喇嘛教,喇嘛教对藏族的文化和风俗有深远的影响。在饮食上,藏族人忌食奇蹄五爪类、禽兽类,如马、驴、骡、鸡、鸭、鹅等。大部分地区的藏族也不食海味及鱼类。藏族可以食用的是偶蹄动物的肉,如牧养的牛、羊、野生的鹿等,蹄都是双瓣的,即偶蹄,其肉才是可以食用的。

藏族牧民的饮食多为一日四餐。早上7点吃第一餐,多吃糌粑,喝酥油茶;10点吃第二餐;午后2点吃第三餐,也称午餐,以食用肉食为主;晚上8点吃第四餐,食品以粥为主。总体上牧民们以牛、羊肉和奶茶为主要食物,奶制品有酥油、酸奶、奶酪等。农区藏民的饮食以粮为主,蔬菜为辅。糌粑是藏族的日常食品,它是由青稞或豌豆经炒熟磨粉而成,再经数道加工调配工序制成的。糌粑营养丰富,香酥甘美,不仅藏族终生食用,居住在藏区的其他民族也喜欢。

藏族日常生活不能没有茶,酥油茶是藏族人时刻不可缺少的饮料佳品,青稞酒是藏民过节必备的饮料。习惯上,青稞酒多指青稞啤酒,此酒黄绿清淡、酒香甘酸。在西藏,除僧人依教规忌酒外,藏族男女老幼几乎都喝青稞酒。

四、蒙古族

蒙古族,半数以上居住在内蒙古自治区,其余分布在东三省、新疆、甘肃、青海等地。各地蒙古族由于地理位置、自然条件、生产发展状况的差异,在饮食习惯上也不尽相同。在牧区,蒙古族以牛、羊肉、乳食为主食,史书以"游牧民族四季出行,惟逐水草,所食惟肉酪"来形容游牧生活形成的饮食习惯。烤肉、烧肉、肉干、手抓肉均为蒙古族家常食品,其中手抓肉最为有名,四季都可以食用。吃全羊则是宴请远方宾客的最佳食品。吃全羊有两种做法:一是煮食,即把全羊分解为数段煮熟,在大木盘中按全羊形摆放好,就可食用;二是烧全羊,把收拾干净的整羊入炉微火熏烤,最后刀解上席,蘸板盐食用。炒米也是蒙古族特别喜爱的一种食品,可干嚼、泡奶,是牧民外出放牧的极好食物。

乳食是蒙古族居民一天中不可缺少的食品,如奶食、奶茶、奶油、奶糕等均为蒙古族根据季节变化经常食用和饮用的食品。此外,夏季里人们还喜食酸奶,或拌饭、或清饮,以清暑解热,蒙古族牧区夏天还喜欢饮马奶酒。

在农区、半农半牧区,蒙古族因与汉族杂居,所以饮食习惯已逐渐与汉族大体相同。农区的蒙古族主食以玉米面、小米为主,杂以大米、白面、黄米、荞面、高粱米。随着温室、塑料大棚的普及,农区蒙古族食用蔬菜的品种也在不断增加。在菜肴烹制上,农区以炖、炒为主,也加以烧烤,吃些牧区食品如手抓肉、奶制品等。蒙古族农民多保留了牧区的好客习俗,来了客人要先敬茶,无茶或不沏新茶皆被视为不恭,而且以"满杯酒、满杯茶"为敬,不同于"满杯酒、半杯茶"的汉族习俗。

蒙古族人豪放、粗犷、开朗热情、待人诚恳、实在,处处显现出塞外草原博大的胸怀。

五、朝鲜族

朝鲜族,主要分布在吉林省延边朝鲜族自治州、黑龙江省牡丹江地区、辽宁省丹东地区。朝鲜族比较讲卫生,讲礼貌,特别是敬老美德受到各民族人民的称赞。

朝鲜族聚居区盛产大米,主食以米饭为主,其次是冷面和米糕。米糕的品种多,有打糕、切糕、发糕等。朝鲜族人的口味以咸辣为主,咸菜品种丰富,式样美观,非常可口。辣椒是每个朝鲜族家庭必备的调味品,朝鲜族嗜辣,绝不比四川人、湖南人逊色。

朝鲜族的饮食特点之一是每餐必喝汤,最讲究的是汤浓味重的浓白汤,常用于吊汤的原料有牛肉、鸡肉、狗肉、兔肉等。

朝鲜族的烹调方法以煎、煮、炒、汆、烤等为主,菜肴多清淡、软烂、爽脆。朝鲜族人对猪肉的消费量相对较少,不喜欢吃羊肉、河鱼,也不喜欢吃馒头,喜欢吃狗肉、牛肉、鸡肉、蛋品、海味、大酱和泡菜等。朝鲜族人常以狗肉招待客人,狗肉的食法极有特色,将煮好的狗肉撕成丝,配以葱丝、姜末、蒜末、香菜、精盐、熟芝麻,食之不腥,香辣爽口。

六、傣族

傣族,主要聚居在云南省西双版纳和德宏地区,在临沧、大理和丽江等地也有分布。傣族聚居地盛产水稻,傣族人以大米为主食,最喜欢吃糯米,而且能用糯米加工食品,如把糯米装入香竹中烤制成竹筒饭,用芦叶把糯米、花生包成粽子,用米浆蒸成卷粉,用油炸成糯米油果、糯米卷等。

傣族人喜欢酸、辛辣和香味,其烹调方法主要有蒸、烤、煮、腌等。其中烤鱼很有特色,做法是先去除内脏,把葱、蒜、姜、辣椒剁成泥,放在鱼腹内,然后用香茅草包扎好,放在暗火上慢慢烤至焦黄,酥香而嫩。傣族人以酸竹煮鸡、煮鱼等视为待客的最佳菜肴。

傣族的"南米"(即酱)风味独特,在用番茄酱及花生、青菜、鱼、竹笋等为主料制成的各种酱中,以螃蟹酱最为名贵。"南米"的吃法多种,有的用糯米饭蘸着吃,有的则同时做几种酱,然后备各种青菜或煮熟的南瓜等,不同的菜蘸食不同的酱吃。傣族人爱饮酒和茶,会自己酿酒,吃饭时不喝酒,而是在饭后或空闲时饮用。

七、羌族

羌族,主要分布在四川省的西北山区。羌族居住地山高坡陡,石头多,土地瘠薄,气温较低。羌族聚居地主要产玉米、洋芋(马铃薯)、小麦、青稞、荞麦和各种豆类,但产量都不高。蔬菜有白菜、萝卜、青菜等。羌族人平日吃两餐饭,多为"玉米蒸蒸"(玉米粗渣粒,先煮后焖而成),晚饭多为稀饭加馍馍,晚上还喜欢吃"坨坨肉",喝白酒。"坨坨肉"用猪膘(腊肉)切成拳头大,与豆菜同煮,吃时每人一坨。

羌族的主食还有金裹银、荞面条、面疙瘩、酸汤面、玉米汤圆、炒面、馍馍等。常见的辅食有酸菜、坨坨肉、白豆腐、油炸洋芋片和腊肉等。羌族人吃马肉、狗肉和野兽肉。北川产的"羌活鱼",形似四脚蛇,羌民也吃,还喜欢吃猪肚子骨头。猪肚子骨头的制作方法是宰猪时,将猪骨头剔下剁短,装进猪肚里,放火炕上煮制,再挂在户外晾起来,吃时从中取出些骨头熬汤。

羌族著名的土特产有茂汶和北川的花椒及茶叶。羌族人饮料主要是酒和茶。用青稞、玉米等酿制的醉糟酒,饮用时用长竹管咂吸。城镇羌民清晨也有喝早茶的习惯。

八、白族

白族,大部分居住在云南省大理白族自治州,其余散居于昆明、元江、丽江等地。大理自治州粮食作物有水稻、小麦、玉米、薯类、荞麦等,经济作物有甘蔗、烤烟和茶叶。河湖盛产鱼类,山区有丰富的植物和动物资源。白族人以大米、小麦、玉米、荞麦和马铃薯为主食,蔬菜品种多,还善于腌制肉类和咸菜,还能自制蜜饯、苍山、雪炖甜梅等果品。节庆时,白族喜欢用糯米或小麦、大麦酿造白酒、水酒,平时嗜好酸、凉、辣味食品。

大理白族自治州洱海以产鱼著称,尤以弓鱼最有名,人们喜食沙锅菜。沙锅鱼的做法是将火腿片、嫩鸡块、冬菇、腊肝片、玉兰片、豆腐等十几种原料按比例与鱼放入沙锅内,加上胡椒、八角、盐等调味品,置于火上用微火炖熟,此菜味道极鲜。

乳扇是大理白族自治州的著名土特产。乳扇一般由羊乳制成,制作并不复杂,但要求精细,先将羊乳放在锅中,再点酸水(可用明矾等),当羊乳呈半固态时,用竹筷往上挑成扇状,放在簸箕内晒干,乳扇可以生食或煮食,以煎食最为普遍。

九、苗族

苗族半数以上居住在贵州,其余分布在湖南、云南、广西、四川等地。苗族人的食物以大米为主,辅以包谷、小米、高粱、小麦和薯类等杂粮。苗族人最喜食糯米,辅食主要有瓜类、豆类、蔬菜,以及作为佐料的辣椒、葱、蒜等。肉类有猪、牛、羊、鸡、鸭及鱼类。

苗族人的口味以酸、辣为主,尤其喜食辣椒,日常菜肴主要是酸辣味汤菜。酸菜味鲜可口,制作方便,可生食,也可熟食。苗族人平时吃新鲜蔬菜或瓜豆,也掺些酸菜或酸汤,令人增加食欲。此外,苗族的酸汤煮鱼是风味名菜,做法是将酸汤加水、食盐煮沸,取鲜活鱼去苦胆,入酸汤中煮制而成,此菜肉嫩汤鲜,清香可口,一年四季都可以做。

苗族人能加工保存熏制腊肉、腌肉、腌鱼、鱼干、香肠等。其中腌鱼是苗族人的传统佳肴,方法是将鲜鱼剖开,去内脏,抹上盐、辣椒粉,放火上方焙烤至半干,然后入坛密封,食时取出蒸熟。此鱼具有骨酥、咸辣适度、清香可口的特点。

苗族人还喜欢制作豆腐、豆豉、加工猪灌肠、血豆腐等,爱吃火锅。苗族男女都喜欢唱酒,大部分人家都能自己酿酒。他们自制酒秞,用土产的糯米、包谷、高粱等酿出芳香的甜酒、泡酒、烧酒、窖酒等。

【复习思考题】

一、思考题

(1) 宴会的种类有哪些?
(2) 宴会的桌次安排应遵循怎样的原则?
(3) 宴会的位次安排应遵循怎样的原则?
(4) 参加酒会的礼仪有哪些?
(5) 参加茶话会的礼仪有哪些?
(6) 西餐的刀叉使用礼仪有哪些?
(7) 中餐的酒水礼仪有哪些?

二、案例题

案例一

某分公司要举办一次大型会议,请来了总公司的总经理和董事会的部分董事,并邀请当地政府要员和同行业重要人士出席。由于出席的重要人物多,分公司领导决定用U字形的桌子来布置会议桌。分公司领导坐在位于长U字横头处的下首,其他参加会议者坐在U的两侧。这天,在会议开始前,贵宾们进入了会场,按安排好的座签找到了自己的座位就座,当会议正式开始时,坐在横头桌子上的分公司领导宣布会议开始,这时发现会议气氛有些不对劲,有些贵宾相互低语后借口有事站起来要走,分领导人不知道发生什么事或出了什么差错,非常尴尬。

问题思考:
(1) 为什么有贵宾相互低语后借口有事站起来要走?
(2) 分公司的领导人为什么非常尴尬?失礼在何处?

案例二

一天傍晚，巴黎的一家餐馆迎来了一群中国人，于是老板特地派了一名中国侍者去为他们服务。侍者向他们介绍了一些法国菜，他们却不问菜的价格，一下子点了几十道。点完菜，他们开始四处拍照留念。用餐时嘴里还不时发出咀嚼食物的声音，而且还弄得桌子上、地毯上到处是油渍和污秽。邻座的客人实在看不下去了，对他们提出了抗议。

问题思考：

请指出中国客人的失礼之处。

三、实训题

（1）怎样向宾客发出宴会邀请？请模拟一份请柬邀请。

（2）利用节假日约几个朋友到西餐厅体验一次西餐用餐礼仪。

（3）拟设职业情景，掌握宴请接待方案的制作，宴会安排的方法和宴请接待的程序与技巧。

接待要求：

① 分组完成，自设情景；

② 分角色模拟主人和客人；

③ 课堂展示宴会的组织、席位的安排、赴宴、迎接、离宴等过程。

第八章 涉外商务礼仪

【学习目标】

(1) 掌握涉外商务礼仪的规范和原则。

(2) 了解不同国家和地区的社交礼仪、服饰礼仪、餐饮礼仪和主要禁忌。

(3) 重点掌握不同宗教信仰国度的主要礼仪和禁忌。

美国成功学家拿破仑·希尔说:"世界上最廉价,而且能得到最大收益的一项特质,就是礼节。"《论语》中说:"不学礼,无以立。"礼仪的重要性由此可见一斑。商务礼仪受到政治制度、经济状况、文化背景、社会习俗等多方面因素的影响,不同的国家商务礼仪也千差万别。鉴于国际商务的跨地域性和跨文化性特点,熟悉和遵守国际商务礼仪能够使人在国际商务交往中展现出专业、优雅、从容的个人魅力,并促成商务谈判的成功。

第一节 涉外商务礼仪的准则

涉外商务礼仪是指中国人在对外商务交际中,用以维护自身形象、对外交对象表示尊敬与友好的约定俗成的习惯做法。涉外商务礼仪强调交往中的规范性、对象性和技巧性,具体的交往准则如下。

一、维护形象

在国际交往之中,人们普遍对交往对象的个人形象倍加关注,并且都十分重视遵照规范的、得体的方式塑造、维护自己的个人形象。个人形象在国际交往中之所以深受人们的重视,因为它真实地体现着个人教养和品位,客观地反映了个人的精神风貌与生活态度,展现了对待交往对象所重视的程度,同时也代表着其所属国家、民族和单位的形象。个人形象在构成上包括六个方面:一是仪容,即一个人个人形体的基本外观;二是表情,即一个人的面部表情;三是举止,即人们的肢体动作;四是服饰,即对人们穿着的服装和佩戴的首饰的统称;五是谈吐,即一个人的言谈话语;六是待人接物,具体是指与他人相处时的表现,即为人处世的态度。

二、不卑不亢

不卑不亢是涉外礼仪的一项基本原则。它要求每一个人在参与国际交往时,都必须意识到自己在外国人的眼里是代表着自己的国家,代表着自己的民族,代表着自己的所在单位。因此,其言行应当从容得体、堂堂正正。在外国人面前既不应该表现得畏惧自卑、低三下四,也不应该表现得自大狂傲、放肆嚣张。

周恩来总理曾经要求我国的涉外人员"具备高度的社会主义觉悟,坚定的政治立场和严格的组织纪律,在任何复杂艰险的情况下,对祖国赤胆忠心,为维护国家利益和民族尊严,甚至不惜牺牲个人一切"。江泽民主席则指出涉外人员必须"能在变化多端的形势中判明方向,在错综复杂的斗争中站稳立场,再大的风浪中也能顶住,在各种环境中都严守纪律,在任何情况下都忠于祖国,维护国家利益和尊严,体现中国人民的气概"。他们的这些具体要求,应当成为我国一切涉外人员的行为准则。

三、入乡随俗

入乡随俗是涉外礼仪的基本原则之一。它要求在涉外交往中,要真正做到尊重交往对象,首先就必须尊重对方所独有的风俗习惯。世界上的各个国家、各个地区、各个民族,在其历史发展的具体进程中,形成各自的宗教、语言、文化、风俗和习惯,并且存在着不同程度的差异。这种"十里不同风,百里不同俗"的局面,是不以人的主观意志为转移的,也是世间任何人都难以强求统一的。在涉外交往中注意尊重外国友人所特有的习俗,容易增进中外双方之间的理解和沟通,有助于更好地、恰如其分地向外国友人表达我方的亲善友好之意。

四、热情有度

热情有度是要求人们在参与国际交往时,不仅待人要热情友好,更为重要的是,要把握好待人热情友好的具体分寸,否则就会事与愿违,过犹不及。

中国人在涉外交往中要遵守好热情有度这一基本原则,关键是要掌握好下列四个方面的具体的"度"。

第一,要做到"关心有度"。
第二,要做到"批评有度"。
第三,要做到"距离有度"。
第四,要做到"举止有度"。

五、不必过谦

不必过谦,是要求人们在国际交往中涉及自我评价时,不应自吹自擂、自我标榜,一味地抬高自己,也没有必要妄自菲薄、自我贬低,过度地在外国人面前表现得谦虚、客套。

六、不宜先为

不宜先为，是要求人们在涉外交往中，面对自己一时难以应付、举棋不定，或者不知道到底怎样做才好的情况时，如果有可能，最明智的做法是尽量不要急于采取行动，尤其是不宜急于抢先，冒昧行事。也就是说，若有可能的话，面对这种情况时，不妨先按兵不动，然后再静观一下周围之人的所作所为，并与之采取一致的行动。

不宜先为原则具有双重的含意。一方面，它要求人们在难以确定如何行动才好时，应当尽可能地避免采取任何行动，免得出丑露怯。另一方面，它又要求人们必须采取行动，最好先观察其他人的正确做法，然后加以模仿，或者与其他多数人在行动上保持一致。

七、尊重隐私

中国人在涉外交往中，务必严格遵守尊重隐私这一涉外礼仪的主要原则。一般而言，在国际交往中，下列八个方面的问题，均被海外人士视为个人隐私问题，即收入支出、年龄大小、恋爱婚姻、身体健康、家庭住址、个人经历、信仰政见、所忙何事。

要尊重外国友人的个人隐私，首先就必须自觉地避免在对方交谈时，主动涉及这八个方面的问题。为了便于记忆，它们也可简称为个人隐私八不问。

八、女士优先

女士优先是国际社会公认的一条重要的礼仪原则，它主要适用于成年的异性进行社交活动之时。女士优先的含意如下：在一切社交场合，每一名成年男子都有义务主动自觉地以自己的实际行动去尊重妇女，照顾妇女，体谅妇女，关心妇女，保护妇女，并且还要想方设法地去为妇女排忧解难。倘若因为男士的不慎，而使妇女陷于尴尬、困难的处境，便意味着男士的失职。女士优先原则还要求在尊重、照顾、体谅、关心、保护妇女方面，男士们对所有的妇女都要一视同仁。

九、爱护环境

作为涉外礼仪的主要原则之一，爱护环境的主要含意是在日常生活里，每一个人都有义务对人类所赖以生存的环境，自觉地加以爱惜和保护。

在涉外交往中，之所以要特别地讨论爱护环境这一问题，除了因为它是作为人们所应具备的基本的社会公德之外，还在于在当今国际舞台上，它已经成为舆论倍加关注的焦点问题之一。

在国际交往中，需要特别注意的问题有两点。

第一，要明白光有爱护环境的意识还远远不够，要有实际行动才行。

第二，与外国人打交道时，在爱护环境的具体问题上要严于自律。具体包括不可毁损自然环境、不可虐待动物、不可损坏公物、不可乱堆乱挂私人物品、不可乱扔乱丢废弃物品、不可随地吐痰、不可随意吸烟、不可任意制造噪声。

十、以右为尊

正式的国际交往中,依照国际惯例,将多人进行并排排列时,最基本的规则是右高左低,即以右为上,以左为下,以右为尊,以左为卑。大到政治磋商、商务往来、文化交流,小到私人接触、社交应酬,但凡有必要确定并排列具体位置的主次尊卑,"以右为尊"都是普遍适用的。

第二节 不同国家的商务礼仪

在国际商务交往中,由于受地域、宗教、文化、民族、政治等因素的影响,各国商务人员在商业交往活动中往往形成不同的商务活动习惯。因此,在商务活动中,我们要了解和尊重有关国家的礼仪习俗和商务活动习惯,做到因人施礼,这样更有助于在商务交往中掌握主动权,增加成功的几率。

一、亚洲国家的商务礼仪

亚洲是世界上人口最多的洲,是世界两大宗教的发源地,同时,民族构成也最为复杂。受多种因素的影响,尤其是宗教信仰的影响,亚洲各地区、各国的商务礼仪习俗差别较大,在进行商务活动时要特别注意这一点。亚洲影响范围较大的宗教是佛教和伊斯兰教,其次还有印度教、天主教、犹太教等。

(一)日本的商务礼仪

1. 社交礼仪

日本是以注重礼节而闻名的国家,特别讲究言谈举止。日本人见面时,要相互问候致意,鞠躬礼是日本最普遍的施礼致意方式。一般初次见面时鞠躬礼是30°鞠躬,告别时是45°鞠躬,而遇到长辈和重要交际对象时是90°鞠躬,以示尊重。

日本人习惯于在会面或拜访时事先约定,并按照约定的时间准时到达。他们的时间观念比较强,比较忌讳迟到或突然到访。日本人与他人初次见面时,通常都要互换名片,否则即被理解为是不愿与对方交往。在交际场合中,日本人的信条是"不给别人添麻烦"。因此,忌讳高声谈笑,但是在外人面前则大都要满脸笑容,日本人认为这是礼貌。

日本人在商务谈判中往往不明确表态,常使对方产生模棱两可、含糊不清的印象。他们在签订合同前一般都很谨慎,且历时很长,但一般很重视合同的履行,同时对对方合同也很苛刻。如果让他们觉得你的信誉方面有问题,那就很难长期合作下去。

到日本进行商务谈判,以春季和秋季为宜,日本气候虽然四季分明,但属海洋性气候,因此长年不干燥。

2. 服饰礼仪

日本人在交际应酬中对穿着打扮十分精心。在商务政务及对外的场合,通常要穿西服。在民间交往中,他们有时也会穿和服,配布袜、木屐或草屐。历史上,日本曾等级森严,和服的色彩、图案、款式、面料乃至穿着方法,无一不与穿着者的地位、身份相关。日本人衣着观有四条:第一,日本人认为衣着不整齐便意味着没有教养,或者不尊重交往对象;第二,到日本人家里做客时,进门前要脱下大衣、风衣和鞋子;第三,做客时,切勿未经主人许可而自行脱去外衣;第四,参加庆典或仪式时,不论天气多么热,都要穿套装或套裙。

3. 餐饮礼仪

日本饮食一般称为和食或日本料理,可归纳为"五味"、"五色"和"五法"。"五味"是指春苦、夏酸、秋滋、冬甜和涩味五种;"五色"是指绿春、朱夏、白秋、玄冬和黄色五种;"五法"是指蒸、烧、煮、炸和生吃五种烹饪方法。

日本人的饮食禁忌为不吃肥猪肉和猪的内脏,也有一些人不喜欢吃羊肉和鸭肉。日本人非常爱喝酒,人们普遍爱好饮茶。日本人在用餐时,有"忌八筷"之说:一是忌舔筷;二是忌迷筷,即不准拿着筷子在饭菜上晃来晃去;三是忌移筷,即不准夹了一种菜又夹另一种菜;四是忌扭筷,即不准将筷子头反过去,含在口里;五是忌插筷,即不准将筷子插在饭菜里,或者把它当作叉子,叉起饭菜吃;六是忌掏筷,即不准用筷子在饭菜里扒来扒去;七是忌跨筷,即不准把筷子跨放在碗、盘之上;八是忌别筷,即不准用筷子当牙签用。

4. 主要禁忌

樱花是日本的国花,荷花则仅用于丧葬活动,菊花在日本是皇室的标志,盆花和带有泥土的花,则被理解为隐含"扎根"之意。晶莹剔透的水晶是日本的国石。日本人很喜欢猕猴和绿雉,并且分别将其确定为国宝和国鸟。同时,他们钟爱鹤和乌龟,认为二者都是长寿、吉祥的代表。一般而论,日本人大都喜爱白色与黄色,厌恶绿色和紫色。在日本,绿色与紫色都具有不祥与悲伤的意味。日本人有着敬重"7"这一数字的习俗,可是对于"4"与"9"却视为不吉利。日本人觉得注视对方双眼是失礼的行为,因此,他们绝不会直勾勾地盯视对方。

(二)韩国的商务礼仪

1. 社交礼仪

韩国素有礼仪之邦的美称,他们注重礼节,讲究尊卑,在社会和家庭中,无不对长辈表示尊重。韩国人把儒家思想作为一种宗教来信奉,韩国人对自己国家的悠久文化、现代社会成就都有一种自豪感,有时甚至表现出一种自傲。

在正式社交场合,韩国人一般都采用握手作为见面礼节。韩国妇女一般不与男子握手,而往往代之以鞠躬或点头致意。韩国人在不少场合有时也同时采用先鞠躬、后握手的方式。同他人告别时,若对方是有地位、身份的人,韩国人往往要行礼达三五次之多。一般情况下,韩国人在称呼他人时爱用尊称和敬语,称呼对方头衔。韩国人非常讲究预先约定,遵守时间,并且十分重视名片的使用。

韩国人十分重视对交际对象的印象,如若应邀去韩国人家里做客,按习惯要带一束花和一份小礼物,并且双手奉上。

2. 服饰礼仪

韩国人对社交场合的穿着打扮十分在意,在交际应酬之中通常都穿着西服。在逢年过节或某些特定场合,韩国人往往会穿自己本民族的传统服装:男子上身穿袄,下身穿宽大的长裆裤,或者加上一件坎肩,甚至再披上一件长袍;女子则大都上穿短袄,下着齐胸长裙。光脚参加社交活动是一种失礼的行为,进屋之前需脱鞋,摆放鞋子不准将鞋尖直对屋内。

3. 餐饮礼仪

韩国饮食以辣、酸为主,主食主要是米饭、冷面。他们爱吃的菜肴主要有泡菜、烤牛肉、烧狗肉、人参鸡等。韩国菜的品种并不多,而且绝大多数都比较清淡。韩国的饮料较多,韩国男子通常酒量都不错,对烧酒、清酒、啤酒往往来者不拒,韩国妇女则多不饮酒。韩国人通常不喝稀粥清汤,认定只有穷人才会喝这些。韩国人一般都不吃过腻、过油、过甜的东西,并且不吃鸭子、羊肉和肥猪肉。

4. 主要禁忌

韩国人大都喜爱白色,崇拜熊虎。以木槿花作为国花,以松树作为国树,以喜鹊作为国鸟,以老虎作为国兽。不要将韩国称为"南朝鲜"或将韩国人称为"朝鲜人",而宜分别称为"韩国"或"韩国人"。

韩国人的民族自尊心很强,他们强调所谓"身土不二",反对崇洋媚外,倡导使用国货。在韩国,一身穿着外国名牌的人,往往会被韩国人看不起。需要向韩国人馈赠礼品时,宜选择鲜花、酒类或工艺品,最好不要送日本货。在接受礼品时,韩国人大都不习惯于当场打开包装。

韩国民间仍讲究"男尊女卑"。男女一同就座时,女人应自动坐在下座,并且不得坐得高于男子,女子不得在男子面前高声谈笑等。

(三)印度的商务礼仪

1. 社交礼仪

印度交际应酬礼节繁多,如合十礼、拥抱礼、贴面礼、摸脚礼、举手礼等,也流行握手礼。印度人迎接嘉宾往往要向对方敬献用鲜花编织而成的花环。印度人以往对等级、地位、身份极其关注。印度所特有的种姓制度分为四个等级:一是"婆罗门",即僧侣;二是"刹帝利",即名门、贵族;三是"吠舍",即平民;四是"首陀罗",即贱民。此外,还有"不可接触的贱民",叫做"哈里真"。传统的种姓制度广遭非议,但影响犹在。

2. 服饰礼仪

印度人着装朴素、清洁，但各民族各异。印度斯坦族的男子一般着装是上身穿"吉尔达"，即宽松圆领长衫，下身穿"陀地"，即以一块白布缠绕在下身、垂至脚面的围裤。在正式活动中，则在"吉尔达"之外再加外套。妇女着纱丽，由一大块丝制长巾披在内衣之外。印度教教徒戴白色船形帽，伊斯兰教教徒戴伊斯兰小帽，锡克教教徒包裹头巾。

3. 餐饮礼仪

印度人主食有大米及面食，烹调方式有炒、煮、烩三种，喜加入各种香料，尤其是辛辣类香料。印度食素者特别多，而且社会地位越高的人越忌荤食。根据教规，印度教教徒和锡克教教徒不吃牛肉，伊斯兰教教徒不吃猪肉，耆那教教徒则既忌杀生，又忌肉食。印度人爱喝茶，大多是红茶。各种集会，中间休息时也备有茶水，招待客人时更不必说。在印度人家里吃饭时，客人可以给主人带些水果、糖果。

4. 主要禁忌

印度的国花为荷花，国鸟为蓝孔雀，国树为菩提树，国石为珍珠。印度人崇拜蓝孔雀和黄牛，举国敬牛、爱牛，不打牛、不杀牛、不使用牛皮制品。虔诚的印度教教徒有早睡早起的习惯，每年封斋三天，白天不可进食。印度教教徒还认为"入河沐浴，可消罪过"。在印度南部的一些地方，人们习惯于以摇头表示同意。印度人忌讳白色，忌讳弯月图案，忌讳送人百合花。

（四）泰国的商务礼仪

1. 社交礼仪

泰国人在与客人见面时，通常施合十礼。将手合十于胸前，头稍稍低下，互相问候"撒瓦迪"（你好）。还礼时，也须双手合十，放至额到胸之间。地位较低或年纪较轻的人，应该主动向地位高和年纪大的人行合十礼。地位高、年纪大的人还礼时，手不应高过前胸。双手举得越高，表示尊敬的程度越深。在特殊情况下，如平民拜见国王的时候要施跪拜礼；儿子出家当和尚父母也施跪拜礼。进入泰国人家按习俗要脱鞋，不要踩在门槛上，按泰国的传统说法，门槛下有神灵栖居。

2. 服饰礼仪

泰国的各个民族都有自己的传统服饰，服饰喜用鲜艳之色。黄色代表星期一，粉色代表星期二，绿色代表星期三，橙色代表星期四，淡蓝色代表星期五，紫色代表星期六，红色代表星期日。由于气候炎热，泰国人平时多穿衬衫、长裤和裙子，只有在商务交往中，他们才会穿深色的套装或套裙。去泰国人家做客或进入佛寺时，务必要记住先在门口脱下鞋子。

3. 餐饮礼仪

泰国人最爱吃民族风味的咖喱饭，它是用大米、鱼肉、香料、椰酱及蔬菜等烹制而成的。他们特别喜爱吃辣椒,而且越辣越好,辣椒酱是他们每餐必备的;泰国人也非常喜欢用味精和鱼露调味。他们不喝热茶,而习惯在喝的茶里放冰块,喝饮料也同样喜欢配上些冰块。他们在喝橘子汁或酸橙汁时,总喜欢在里面加放点盐末。这种习惯的养成,可能与他们国内气候炎热有很大的关系。他们饭后有吃水果的习惯,在吃西瓜或菠萝时,不仅爱放些冰块,而且也习惯蘸些盐末或辣椒末吃,认为这样吃起来显得别有风味。他们早餐喜欢吃西餐,午餐和晚餐大多爱吃中餐。他们用餐时,不习惯使用筷子,有的人爱用叉子和勺(右手拿勺,左手拿叉),有的人乐于以手抓饭取食。

4. 主要禁忌

切忌触碰任何人的头部,即使是对小孩子,因为头颅被视为人体的最高部分,这在字面上或比喻意义上都是如此。同样的,在泰国人的社交聚会中,你将发现年轻人都尽量使自己处于比年长者矮一截的位置,以免别人感觉他们对长者"不敬"。公然表示男女之间的暧昧之情会受到非议。按捺不住个人的脾气,特别是在公开场合,会被认为没有礼貌和缺乏教养。

(五) 新加坡的商务礼仪

1. 社交礼仪

新加坡人社交习俗总的特点可以概括如下:东南亚国新加坡,国内居民华人多;伊斯兰教为国教,恪守教规禁超脱;忌讳说话吐脏言,男的留长发受谴责;世人知晓重文明,偏爱花鸟与红色;讲究卫生喜沐浴,礼貌热情又好客。

新加坡人在社交场合与客人相见时,一般都惯行握手礼。在与东方人相见时,也有施鞠躬礼的习惯(即轻轻鞠一躬)。新加坡佛教徒在与客人相见时,惯以双手合十为礼,客人同时也应以双手合十还礼,以示相互尊重。在进入清真寺前要脱鞋,有时在进入当地人家里前也要脱鞋。街道和其他场所都保持得非常整洁,因为乱扔东西会受到严厉处罚,所以要注意不要随地扔烟蒂。

2. 服饰礼仪

新加坡不同民族的人在穿着上有自己的特点。马来人男士头戴一顶叫"宋谷"的无边帽,上身穿一种无领、袖子宽大的衣服,下身穿长及足踝的纱笼;女士上衣宽大如袍,下穿纱笼。华人妇女多爱穿旗袍。政府部门对其职员的穿着要求较严格,在工作时间不准穿奇装异服。

3. 餐饮礼仪

新加坡人偏爱中国广东菜,信奉伊斯兰教的人喜欢吃咖喱牛肉,主食多是米饭,有时也吃包子等,但不喜食馒头。马来人用餐一般用手抓取食物,他们在用餐前有洗手的习惯,进餐时必须使用右手。饮茶是当地人的普遍爱好,有客人来时,他们常以茶水招待,华人喜欢饮元宝茶,意为财运亨通。

4. 主要禁忌

伊斯兰教为新加坡的国教。华人中有部分信奉佛教,另外还有少数人信仰印度教、基督教和天主教。

新加坡人对男子留长发极为反感,认为这是一种可耻的行为,会受到舆论的谴责。他们忌讳有人口吐脏言,哪怕是舞台上演出中出现的正面批驳的脏言,认为无论怎样出现的脏言,都会对下一代产生坏影响。他们不喜欢"7",认为"7"是个消极的数字。他们对"恭喜发财"之类的话反感,认为这样说有教唆他人发不义之财的意思,是挑逗、煽动他人损人利己的有害言语。他们忌讳乌龟,认为这是种不祥的动物,给人以色情和污辱的印象。新加坡的印度人、马来人忌讳用左手传递东西或食物,认为使用左手是一种不礼貌的举止。新加坡伊斯兰教禁食猪肉,忌讳使用猪制品,也忌讳谈论有关猪的话题。

(六)沙特阿拉伯的商务礼仪

1. 社交礼仪

沙特阿拉伯人打招呼的礼仪很讲究,见面时首先互相问候说"撒拉姆,阿拉库姆"(你好),然后握手并说"凯伊夫?哈拉克"(身体好)。有的沙特人会伸出左手放在你的右肩上并吻你的双颊。一般人在外多以握手问候为礼。如果双方(指男子)信仰一致或比较友好,双方左右贴面三次。有时候主人为表示亲切,会用左手拉着对方右手边走边说。交换物品时,用右手或用双手,忌用左手。

沙特阿拉伯人很大方,你不要老盯着看他的手表、衬衫链扣或其他东西,否则他会当场摘下来送给你,如果你拒绝的话,就会得罪他。沙特阿拉伯没有夜总会和电影院,饭馆也非常少。谈话中避免谈论中东政治和国际石油政策。一般会见和宴请的场合,往往只有男性,女性毫无社会地位。沙特妇女外出戴面纱,外面抛头露面的妇女多为外籍人。不要在沙特拍摄宗教过程的照片,更不要给妇女拍照,可能会给你带来杀身之祸。

2. 服饰礼仪

沙特阿拉伯人崇尚白色(代表纯洁)、绿色(代表生命),而忌用黄色(代表死亡)。国王身着土黄色长袍,象征神圣和尊贵。按照沙特阿拉伯人的商务礼俗,冬日宜穿保守式样的西装。

3. 餐饮礼仪

按穆斯林的习俗,沙特阿拉伯以牛、羊为上品,忌食猪肉,忌食有贝壳的海鲜和无鳞鱼,肉食不带血。以前沙特阿拉伯人多用右手抓饭,现在招待客人多用西餐餐具。

4. 主要禁忌

不准抽烟,不准喝酒,不准赌博,禁止一切崇拜偶像的活动。他们是虔诚的穆斯林,禁止奢侈豪华。因此,不准穿绸缎,不准男士佩戴装饰物,甚至对音乐、舞蹈、电影都是反对和禁止的,图书上不准有人头或人体画像,甚至连动物画像也在禁止之列。因此,如果要给沙特阿拉伯人赠送图书、年历等就要特别注意这些。不要随便进入清真寺,入寺必先脱鞋。忌讳用鞋底后跟面对人,忌用脚踩桌椅板凳,因为这被认为是污辱人的表示。

二、欧洲国家的商务礼仪

欧洲是世界上最发达的地区之一,其文化渊源、宗教信仰相近,在商务礼仪上共性较多,下面将介绍一些主要的欧洲国家的商务礼仪。

(一) 英国的商务礼仪

1. 社交礼仪

英国人待人彬彬有礼,讲话十分客气,"谢谢"、"请"字不离口。对英国人讲话也要客气,不论他们是服务员还是司机,都要以礼相待,请他办事时说话要委婉,不要使人感到有命令的口吻,否则可能会遭到冷遇。英国人的时间观念很强,拜会或洽谈生意,访前必须预约,最好提前几分钟到达为好。他们相处之道是严守时间、遵守诺言。初次见面或在特殊场合,或者是表示赞同与祝贺时,才相互握手。去英国人家里做客,最好带点价值较低的礼品,因为花费不多就不会有行贿之嫌。礼品一般有高级巧克力、名酒、鲜花,特别是具有中国民族特色的民间工艺美术品,他们格外欣赏,而对有客人公司标记的纪念品不感兴趣。

2. 服饰礼仪

在穿戴上,英国人是最讲究的,他们往往以貌取人,仪容态度尤须注意。在交际应酬中非常重视"绅士"、"淑女"之风。英国的燕尾服被认为是最能体现绅士风度的服饰,女士则一般穿深色套裙或素雅的连衣裙。庄重、肃穆的黑色服装是首选。

3. 餐饮礼仪

在英国不流行邀对方早餐谈生意,一般说来,他们的午餐比较简单,对晚餐比较重视,视为正餐。英国商人一般不喜欢邀请至家中饮宴,聚会大都在酒店、饭店进行。英国人的饮宴,在某种意义上说,以俭朴为主,他们讨厌浪费的人。比如,要泡茶请客,如果来客中有三位,一定只烧三份的水。英国对饮茶十分讲究,各阶层的人都喜欢饮茶,尤其是妇女嗜茶成癖。英国人还有饮下午茶的习惯,在下午 3—4 点钟的时候放下手中的工作,喝一杯红茶,有时也吃点心,休息一刻钟,称为"茶休"。主人常邀请客人共同喝下午茶,遇到这种情况,大可不必推却。在正式的宴会上,一般不准吸烟,进餐吸烟被视为是失礼的行为。

4. 主要禁忌

与英国人打交道忌谈个人私事、家事、婚丧、年龄、职业、收入、宗教问题。由于宗教的原因,他们非常忌讳"13"这个数字,认为这是个不吉祥的数字。日常生活中尽量避免"13"这个数字,用餐时,不准"13"人同桌,如果"13 日"又是"星期五"的话,则认为这是双倍的不吉利。不能手背朝外,用手指表示"二",这种"V"形手势,是蔑视别人的一种敌意做法。上街走路,千万注意交通安全,所有车辆都靠左行驶。

（二）法国的商务礼仪

1. 社交礼仪

与英国人和德国人相比，法国人在待人接物上表现得大不相同，主要有以下特点。

第一，爱好社交，善于交际。对于法国人来说，社交是人生的重要内容，没有社交活动的生活是难以想象的。

第二，诙谐幽默天性浪漫。他们在人际交往中大都爽朗热情，善于雄辩高谈阔论，好开玩笑，讨厌不爱讲话的人，对愁眉苦脸者难以接受。受传统文化的影响，法国人不仅爱冒险，而且喜欢浪漫的经历。

第三，渴求自由，纪律性较差。在世界上，法国人是最著名的"自由主义者"。"自由、平等、博爱"不仅被法国宪法定为本国的国家箴言，而且在国徽上明文写出。他们虽然讲究法制，但是一般纪律性较差，不大喜欢集体行动。与法国人打交道，约会必须事先约定，并且准时赴约，但是也要对他们可能的姗姗来迟事先有所准备。

第四，自尊心强，偏爱国货。法国的时装、美食和艺术是世人有口皆碑的，在此影响之下，法国人拥有极强的民族自尊心和民族自豪感，在他们看来，世间的一切都是法国的最棒。与法国人交谈时，如能讲几句法语，一定会使对方热情有加。

第五，骑士风度，尊重妇女。

在人际交往中，法国人所采取的礼节主要有握手礼、拥抱礼和吻面礼。

2. 服饰礼仪

法国人对于衣饰的讲究，在世界上是最有名的。所谓"巴黎式样"，在世人耳中即与时尚、流行含意相同。在正式场合，法国人通常要穿西装、套裙或连衣裙，颜色多为蓝色、灰色或黑色，质地则多为纯毛。出席庆典仪式时，一般要穿礼服。男士所穿的多为配以蝴蝶结的燕尾服或黑色西装；女士所穿的则多为连衣裙式的单色大礼服或小礼服。对于穿着打扮，法国人认为重在搭配是否得法。在选择发型、手袋、帽子、鞋子、手表、眼镜时，都十分强调要使之与自己着装相协调、一致。

3. 餐饮礼仪

作为举世皆知的世界三大烹饪王国之一，法国人十分讲究饮食。在西餐中，法国菜可以说是最讲究的。法国人爱吃面食，面包的种类很多，他们大都爱吃奶酪；在肉食方面，他们爱吃牛肉、猪肉、鸡肉、鱼子酱、鹅肝，不吃肥肉、宠物、肝脏之外的动物内脏，以及无鳞鱼和带刺骨的鱼。

法国人特别善饮，他们几乎餐餐必喝酒，而且讲究在餐桌上要以不同品种的酒水搭配不同的菜肴，除酒水之外，法国人平时还爱喝生水和咖啡。

法国人用餐时，两手允许放在餐桌上，但却不许将两肘支在桌子上，在放下刀叉时，他们习惯于将其一半放在碟子上，一半放在餐桌上。

4. 习俗禁忌

法国的国花是鸢尾花。对于菊花、牡丹、玫瑰、杜鹃、水仙、金盏花和纸花,一般不宜随意送给法国人。法国的国鸟是公鸡,他们认为它是勇敢、顽强的化身。法国的国石是珍珠。法国人大多喜爱蓝色、白色与红色,他们所忌讳的色彩主要是黄色与墨绿色。法国人忌讳"13"与"星期五"。

在人际交往之中,法国人对礼物十分看重,但又有其特别的讲究。宜选具有艺术品位和纪念意义的物品,不宜以刀、剑、剪、餐具或带有明显的广告标志的物品。男士向一般关系的女士赠送香水,也是不合适的。在接受礼品时,若不当着送礼者的面打开其包装,则是一种无礼的表现。

(三)德国的商务礼仪

1. 社交礼仪

德国人在待人接物所表现出来的独特风格,往往会给人以深刻的印象。

第一,纪律严明,法制观念极强。

第二,讲究信誉,重视时间观念。

第三,极端自尊,非常尊重传统。

第四,待人热情,十分注重感情。

必须指出的是,德国人在人际交往中对礼节非常重视。与德国人握手时,需要特别注意下述两点:一是握手时要坦然地注视对方;二是握手的时间宜稍长一些,晃动的次数宜稍多一些,握手时所用的力量宜稍大一些。重视称呼,是德国人在人际交往中的一个鲜明特点。对德国人称呼不当,通常会令对方大为不快。一般情况下,切勿直呼德国人的名字,可以称其全称或仅称其姓。与德国人交谈时,切勿疏忽对"您"与"你"这两种人称代词的使用。对于熟人、朋友、同龄者,方可以"你"相称。在德国,称"您"表示尊重,称"你"则表示地位平等、关系密切。

2. 服饰礼仪

德国人在穿着打扮上的总体风格是庄重、朴素、整洁。在一般情况下,德国人的衣着较为简朴,男士大多爱穿西装、夹克,并喜欢戴呢帽,女士则大多爱穿翻领长衫和色彩、图案淡雅的长裙。德国人在正式场合露面时,必须要穿戴得整整齐齐,衣着一般多为深色。在商务交往中,他们讲究男士穿三件套西装,女士穿裙式服装。德国人对发型较为重视,在德国,男士不宜剃光头,免得被人当作"新纳粹"分子。德国少女的发式多为短发或披肩发,烫发的妇女大半都是已婚者。

3. 餐饮礼仪

德国人是十分讲究饮食的。在肉类方面,德国人最爱吃猪肉,其次是牛肉。以猪肉制成的各种香肠,令德国人百吃不厌。德国人一般胃口较大,喜食油腻之物,所以德国的胖人极多。在饮料方面,德国人最欣赏的是啤酒。德国人在用餐时,有以下几条特殊的规矩。

第一,吃鱼用的刀叉不得用来吃肉或奶酪。

第二,若同时饮用啤酒与葡萄酒,宜先饮啤酒,后饮葡萄酒,否则被视为有损健康。

第三,食盘中不宜堆积过多的食物。

第四,不得用餐巾扇风。

第五,忌吃核桃。

4. 主要禁忌

德国人在所有花卉之中,对矢车菊最为推崇,并且选定其为国花。在德国,不宜随意以玫瑰或蔷薇送人,前者表示求爱,后者则专用于悼亡。对于"13"与"星期五",德国人极度厌恶。他们对于四个人交叉握手,或者在交际场合进行交叉谈话,也比较反感。因为这两种做法,都被他们看做是不礼貌的。向德国人赠送礼品时,不宜选择刀、剑、剪、餐刀和餐叉,以褐色、白色、黑色的包装纸和彩带包装、捆扎礼品,也是不允许的。与德国人交谈时,不宜涉及纳粹、宗教与党派之争。在公共场合窃窃私语,德国人认为这是十分无礼的行为。

(四) 意大利的商务礼仪

1. 社交礼仪

意大利人说话时喜欢靠得近些,双方的间隔一般在 30～40 cm,有时几乎靠在一起。他们不喜欢在交谈时别人盯视他们,认为这种目光是不礼貌的。他们喜欢用手势来表达个人的意愿,如用手轻捏下巴表示不感兴趣、快走等。意大利人的姓名是名在前,姓在后,除此之外还有一个教名,即婴儿在洗礼时由神父起的名字。妇女结婚后,大多姓丈夫的姓,也有个别人用男女双方的姓。意大利人在社交场合与宾客见面时常施握手礼,亲朋好友久别后重逢会热情拥抱,平时熟人在路上遇见,则招手致意。在意大利人心目中,自由是最重要的,意大利人的守时和集体观念相对差一点,宴会迟到 20 min 左右都是十分正常的事情。

2. 服饰礼仪

意大利人在正式社交场合一般是着西装,尤其是参加一些重大的活动十分注意着装整齐,喜欢穿三件式西装。在婚礼上,新娘喜欢穿黄色的结婚礼服。在一些节庆活动中,常举行规模盛大的化装游行,从小孩到老年人,都穿各式各样的奇装异服。

3. 餐饮礼仪

意大利人在制作菜肴时讲究色香味俱全,其风味菜肴可与法国大菜媲美。他们十分欣赏中国菜,不论男女都嗜酒,常饮的品种有啤酒、白兰地等,特别爱喝葡萄酒。意大利人请客吃饭,通常是去饭馆,有时也会在家中宴请亲朋好友。他们请客时往往茶少酒多,在正式宴会上,每上一道菜便有一种不同的酒相搭配。

4. 主要禁忌

意大利人十分忌讳"13"、"17"和"星期五",尤其是就餐时,不准有 13 个人同桌,忌讳菊花。吃著名的意大利通心粉的时候，千万不要用餐刀把通心粉割成小段食用，也不要用匙把粉送入口中，最合理的方法是用叉子把通心粉卷成团再吃。

（五）俄罗斯的商务礼仪

1. 社交礼仪

在人际交往中，俄罗斯人素来以热情、豪放、勇敢、耿直而著称于世。在交际场合，俄罗斯人惯于和初次会面的人行握手礼，但对于熟悉的人，尤其是在久别重逢时，他们则大多要与对方热情拥抱。在迎接贵宾时，俄罗斯人通常会向对方献上"面包和盐"。这是给予对方的一种极高的礼遇，来宾必须对其欣然笑纳。在称呼方面，在正式场合，他们也采用"先生"、"小姐"、"夫人"之类的称呼。在俄罗斯，人们非常看重人的社会地位。因此，对有职务、学衔、军衔的人，最好以其职务、学衔、军衔相称。依照俄罗斯民俗，在用姓名称呼俄罗斯人时，可按彼此之间的不同关系，具体采用不同的方法。只有与初次见面之人打交道时，或者在极为正规的场合，才有必要将俄罗斯人的姓名的三个部分连在一起称呼。

2. 服饰礼仪

俄罗斯人大都讲究仪表，注重服饰。在俄罗斯民间，已婚妇女必须戴头巾，并以白色的为主；未婚姑娘则不戴头巾，但常戴帽子。在城市里，俄罗斯人目前多穿西装或套裙，俄罗斯妇女往往还要穿一条连衣裙。前去拜访俄罗斯人时，进门之后务请立即自觉地脱下外套、手套和帽子，并且摘下墨镜，这是一种礼貌。

3. 餐饮礼仪

在饮食习惯上，俄罗斯人讲究量大实惠，油大味厚。他们喜欢酸、辣、咸味，偏爱炸、煎、烤、炒的食物，尤其爱吃冷菜。总的来说，他们的食物在制作上较为粗糙一些。一般而论，俄罗斯以面食为主，他们很爱吃用黑麦烤制的黑面包。除黑面包外，俄罗斯大名远扬的特色食品还有鱼子酱、酸黄瓜、酸牛奶等。吃水果时，他们多不削皮。在饮料方面，俄罗斯人很能喝冷饮，具有该国特色的烈酒伏特加是他们最爱喝的酒。此外，他们还喜欢喝一种叫"格瓦斯"的饮料。用餐之时，俄罗斯人多用刀叉，他们忌讳用餐发出声响，并且不能用匙直接饮茶或让其直立于杯中。通常，他们吃饭时只用盘子，而不用碗。参加俄罗斯人的宴请时，宜对其菜肴加以称道，并且尽量多吃一些，俄罗斯人将手放在喉部，一般表示已经吃饱。

4. 习俗禁忌

在俄罗斯，被视为"光明象征"的向日葵最受人们的喜爱，她被称为"太阳花"，并被定为国花。拜访俄罗斯人时，送给女士的鲜花宜为单数。在数目方面，俄罗斯人最偏爱"7"，认为它是成功、美满的预兆。对于"13"与"星期五"，他们则十分忌讳。俄罗斯人非常崇拜盐和马。俄罗斯人主张"左主凶，右主吉"，因此，他们也不允许以左手接触别人，或者以之递送物品。俄罗斯人讲究"女士优先"，在公共场合里，男士往往自觉地充当"护花使者"，不尊重妇女，到处都会遭以白眼。俄罗斯人忌讳的话题有政治矛盾、经济难题、宗教矛盾、民族纠纷、前苏联解体、阿富汗战争，以及大国地位问题。

（六）北欧国家的商务礼仪

1. 社交礼仪

北欧主要是指挪威、丹麦、瑞典、芬兰等国家。北欧人十分讲究文明礼貌，也十分尊重具有较高修养的商人。他们在与外国人交往时比较讲究礼仪，不论是正式谈判还是非正式谈判，他们如果是东道主，会安排得有条不紊，尽量让客人满意。北欧人的一个共同特点就是喜欢桑拿浴，这已经成了他们生活中的一部分。如果与北欧人洽商，被他们邀请洗桑拿浴，说明受到了他们的欢迎，这是个好的开端，但如果不能适应长时间的热气，也要提出，这不是丢面子的事情。在许多情况下，可以在洗桑拿浴时与他们交谈，这可以免除正式谈判的许多不便。

2. 服饰礼仪

挪威女子喜欢穿紧身上衣和裙子搭配的服装。有些地区的女子喜爱折叠式的超短裙，她们的头饰很简单。已婚的妇女把头发束起，未婚女子则戴一顶小帽或无边女帽，帽带系在下巴处，或者在头发上扎根彩带。

丹麦人在正式社交场合很注意着装整齐，通常西装革履，衣冠楚楚。举行盛大晚宴时，人们还习惯穿晚礼服。但是，在日常生活中，他们衣着较随便，穿各式流行服装的都有，不少人喜爱着运动服，在夏季，丹麦的一些海滨胜地，到处可见穿着游泳衣裤的游客。

瑞典的传统民族服装是男子上身穿短上衣和背心，下身穿紧身裤子；少女一般不戴帽子，已婚的妇女则戴式样不一的包头帽。在正式礼仪场合，男子一般是西装革履，加上一件长外套，女子一般是西装上衣配短裙，或穿低胸露肩的长裙。

芬兰人在上班时常穿保守式样的西装，在正式社交场合更注意衣着要与自己的身份相称，通常是男装笔挺，女装华丽。在日常生活中，芬兰人爱好体育运动。当地的运动服式样很多，既有夹克式，也有蝙蝠衫式，握手口袋式，既有滑雪衫，也有健身服和各式球衣。

3. 餐饮礼仪

北欧人习惯于欧式西餐，以面食为主，爱吃烧卖、面包，对香肠、牛肉等也乐于食用。参加主办的宴请活动时，要按主人排定的座次入席，同时要注意帮助座位旁的女伴入座，用餐时不要发出响声。一定要等到主人、年长者或比你级别高的人向你敬酒后才能向他们敬酒。

4. 主要禁忌

北欧人大多信仰基督教，忌讳"13"和"星期五"。他们忌讳有人打扰他们，找他们谈公事，他们不喜欢谈论政治和社会问题的话题，也不喜欢别人打听有关他们的私事。他们忌讳相互间交叉式握手或交叉式谈话。挪威王国的商务习俗中认为，交叉式握手或交叉式谈话都是不礼貌的举止。他们忌讳有人酒后开车,尤其对自己所乘车的司机更是倍加注意,并竭力反对司机喝酒。

三、美洲国家的商务礼仪

北美与南美无论在经济发展,还是在文化习俗上都有较大的差异,下面将分别选取有代表性的国家介绍其商务礼仪。

(一)美国的商务礼仪

1. 社交礼仪

美国人性格浪漫、为人诚挚,他们在与互不相识的人交际时,习惯于实事求是、坦率直言。即使是自我介绍时,他们也喜欢对自己的情况据实说出,越真实越好。对那些谦虚、客套的表白是看不习惯的,过分的客套对他们来说是一种无能的表现,过头的谦虚可能会被他们误认为你心怀鬼胎。他们以好客著称,为了表示友好,使客人感到随便、不拘束,他们一般乐于在自己家里宴请客人,而不习惯在餐馆请客。他们很健谈,喜欢边谈边用手势比画,彼此间乐于保持一定的距离,一般以 50 cm 左右间距为好。他们行动喜欢自由自在、不受约束。

2. 服饰礼仪

在美国,没有人因为你穿得笔挺而对你另眼相看,也没有人因为你穿得朴素而不屑与你为伍,"随便"两字能概括人们对服饰的态度。西装多半是政府职员、大学教授、公司雇员等高薪阶层的着装。有人说,美国只有外交家和律师出庭时才穿上整齐的衣服,这话可能有点夸张,但也不是毫无根据。在街上,一本正经打着领结、上下装整齐的人不是没有,但多半是年纪较大的长者,中年人已不那么认真了。除了老年人,美国人戴帽子的已不多见。在美国,穿拖鞋的人很多,不仅限于家里,在街上、图书馆、博物馆都有人穿拖鞋。即使在正式的社交场合,女士们多半只穿低跟或无跟鞋。蓝色牛仔裤是典型的美国服装。

3. 餐饮礼仪

美国人在饮食上如同他们的脾气秉性一样,一般都比较随便,没有过多的讲究。目前他们已越来越重视食品的营养,吃肉的人渐渐少了,海味及蔬菜品种越来越受他们的青睐。他们喜欢"生"、"冷"、"淡":"生"是爱吃生菜;"冷"是乐于吃凉菜,不喜欢过烫过热的菜肴;"淡"是喜欢少盐味,味道忌咸,稍以偏甜为好。

美国人不习惯厨师烹调中多用调料,而习惯在餐桌上备用调料自行调味。他们平时惯用西餐,一般都是一日三餐。早中餐乐于从简,晚餐是一天的主餐,内容比较丰富,但也不过是一两道菜,加上点心和水果。美国人对中餐是普遍欢迎的。他们在使用刀叉餐具方面,一改欧洲人惯于刀叉不换手的习惯,他们好以右手用刀切食品后,再换叉子取食用餐。他们特别愿意品尝野味和海味菜肴,尤其对蛙肉和火鸡更加偏爱。

4. 主要禁忌

美国人忌讳"13"、"星期五"、"3"。认为这些数字和日期，都是厄运和灾难的象征。美国人还有三大忌：一是忌有人问他的年龄；二是忌问他买东西的价钱；三是忌在见面时说"你长胖了"。因为年龄和买东西的价钱都属于个人的私事，他们不喜欢别人过问和干涉。

（二）加拿大的商务礼仪

1. 社交礼仪

加拿大与欧洲国家，以及它南面的邻国——美国，保持紧密的联系，其居民中大部分讲法语。有两件鲜为人知的事实：一是加拿大是世界第二大国（面积）；二是加拿大是美国最大的贸易伙伴。要记住加拿大是由许多不同族群组成的，尽管其习俗在全国大致相同，但仍有某些差别。按照常情，最好的办法是客随主便。加拿大人在社交场合与客人相见时，一般都惯行握手礼。亲吻和拥抱礼虽然也是加拿大人的礼节方式，但它仅适合于熟人、亲友和情人之间。在谈话中，不要偏袒分裂主义——把加拿大分成讲法语和讲英语的两个国家。加拿大人以自己的国家为自豪，反对与美国进行比较，谈到肯定成绩的事例并对加拿大人民及其国家给予好评是最受欢迎的。

2. 服饰礼仪

在加拿大，不同的场合有不同的装束。在教堂，男士着深色西装，打领结，女士则穿样式庄重的衣裙。在参加婚礼时，男士穿着西装或便装，穿便装时不打领带，女士则不宜打扮得过分耀眼，以免喧宾夺主，更不宜穿白色或米色系列的服装，因为象征纯洁的白颜色是属于新娘的。到朋友家做客或参加宴会，男士要穿整套深色西装，女士则应穿样式庄重的衣裙，可稍化妆，不宜太浓。如是非正式的宴会或彼此很熟识，男士可穿不同颜色的上装和长裤，女士着整套衣裙或衫裙，服装颜色不宜太显眼，款式不能过于奇异。加拿大青年人喜爱那种体现现代生活的节奏感，使着装者显得潇洒、干练的服装，如牛仔系列服装就很受青睐。

3. 餐饮礼仪

加拿大人在食俗上与英美人相似。由于气候寒冷的缘故，他们养成了爱吃烤制食品的习惯，这是他们的独特之处。加拿大人用刀叉进食，极爱食用烤牛排，尤其是八成熟的嫩牛排，习惯在用餐后喝咖啡和吃水果。加拿大人在饮食上讲究菜肴的营养品质，偏爱甜味，以面食、大米为主食，辅食喜吃牛肉、鸡肉、鸡蛋、沙丁鱼及番茄、洋葱、土豆、黄瓜等。调料爱用番茄酱、黄油等。他们有喝白兰地、香槟酒的嗜好。加拿大人忌食虾酱、鱼露、腐乳及怪味、腥味的食物和动物内脏。

在加拿大，赴宴时最好到花店买一束鲜花送给主人，以表达自己的谢意。在餐桌上，男女主宾一般分别坐在男女主人的右手边，饭前先用餐巾印一印嘴唇，以保持杯口干净。进餐时，左手拿叉，右手拿刀，刀用完后，放在盘子边上。吃东西时不要发出声音，不宜说话，不要当众用牙签剔牙，切忌把自己的餐具摆到他人的位置上。加拿大人认为正确、优雅的吃相是绅士风度的体现。

4. 主要禁忌

加拿大人大多数信奉新教和罗马天主教,少数人信奉犹太教和东正教。他们忌讳"13"、"星期五",认为"13"是厄运的数字,"星期五"是灾难的象征。他们忌讳白色的百合花,因为它会给人带来死亡的气氛,人们习惯用它来悼念死人。他们不喜欢外来人把他们的国家和美国进行比较,尤其是拿美国的优越方面与他们相比。加拿大妇女有美容化妆的习惯,因此他们不欢迎服务员送擦脸香巾。

(三) 墨西哥的商务礼仪

1. 社交礼仪

墨西哥人在社交场合最常用的礼节是微笑和施握手礼。墨西哥人与熟人、亲戚朋友或情人之间相见,一般都惯以亲吻和拥抱为礼节。他们在赴约时,一般都不习惯准时到达,总愿意迟到 15 min 至半小时,他们把这样看成是一种礼节风度。墨西哥瓦哈卡州一带的印第安人,每当款待尊贵的客人时,总习惯拿出他们最喜爱的高贵食品"油炸蚂蚁"让客人品尝,他们认为这样才能表达自己的心情。他们和朋友告别时,有送一张弓、一支箭或几张代表神灵的剪纸的习惯,以表示他们对朋友的美好祝愿。

2. 服饰礼仪

墨西哥男子平时习惯戴一种宽沿的大草帽,穿着长条式的方格衬衫,有的还穿着紧身裤,妇女一般爱穿西装上衣和长裙,几乎人人都习惯披着彩色的披肩。他们认为这样搭配的穿着,显得格外鲜艳和漂亮。

3. 餐饮礼仪

墨西哥是玉米之乡,许多人喜欢喝玉米面粥,吃玉米面饼,无论是穷人还是富人,都视之为美味。他们款待外国宾客时,往往要上一道独具特色的家乡美味仙人掌佳肴,令客人赞叹不已。墨西哥盛产辣椒,他们也特别能吃辣椒,如若与我国四川人吃辣相比的话,他们是毫不逊色的。有些人甚至在吃水果时,都乐于撒上点辣椒面儿吃。墨西哥的土著阿斯特克人视青蛙、蝌蚪、龙舌兰虫、虾、蚂蚁、蟋蟀、水蝇、蝇卵等都为美味食品,有些还被认为是上乘的佳肴。他们惯于吃西餐,对中餐也倍加喜爱。

4. 主要禁忌

墨西哥人忌讳"13"、"星期五",认为这些都是不吉利和令人可怕的数字和日期。他们虽说常用亲吻方式施礼,但却忌讳相互不熟悉的男子之间亲吻或吻手。他们认为只有没教养的人才会这样做。他们忌讳有人送给他们黄色的花和红色的花。他们认为黄色意味着死亡,红色花会给人带来晦气。他们忌讳蝙蝠及其图案和艺术造型,因为他们认为蝙蝠是一种吸血鬼,给人以凶恶、残暴的印象。他们忌讳紫色,认为紫色是一种不祥之色,因为只有棺材才涂这种颜色。墨西哥人忌讳用中国人惯用的手势来比划小孩的身高。因为用手心朝下,与地面平行的比划在小孩头部的位置,在他们看来,这一手势只可用来表示动物的高度,他们会认为你在侮辱人。他们在饮食上不喜欢油腻的菜品和用牛油烹调的菜肴,也不愿意吃用鸡油做的点心。

四、非洲国家的商务礼仪

非洲地区的多数国家,经济很不发达,有些国家甚至还保留有浓郁的原始部落习俗。在这些国家或地区中,各部落的首领(酋长),不仅在政治上,还是在经济上权力都极大,若要进入与其开展商务交往,通常都要先给当地的首领送礼,待获得其允许后才能进入。因缺乏交往交流,各个国家和地区在礼俗和禁忌方面的差异极大。因而,在这些地区开展商务活动,对困难程度应有充分的估计。

(一) 埃及的商务礼仪

1. 社交礼仪

埃及人社交习俗总的特点可以用这样几句话来概括:北非国家埃及人,大多均为穆斯林;教义教规重恪守,文明历史永长存;一般都很爱仙鹤,"5"、"7"数字喜光临;黑、蓝、黄色属忌讳,更为特殊禁说"针";讨厌当众吐唾沫,赞女窈窕为不纯。

埃及人与宾朋相见或送别时,一般都习惯以握手为礼,或者施拥抱礼,有时还施亲吻礼,并有多种亲吻礼节:"亲吻礼"有男女间亲昵性的亲吻,抚爱性亲吻,敬重性亲吻,崇敬性亲吻;"亲手礼"往往是对恩人的亲吻礼的另一种形式;"飞吻"是情人间的一种亲吻礼;"亲脸"多是妇女们相见时的一种礼节,即先亲一下右颊,后亲左颊,若亲戚或关系密切者,再亲一下右颊;男人间也亲吻,不过他们是先亲左颊,再亲右颊,若亲戚或关系密切者,再亲一下左颊。

2. 服饰礼仪

埃及的传统服装是阿拉伯大袍,在农村不论男女仍以穿大袍者为多,城市贫民也有不少是以大袍加身。当地妇女喜欢戴耳环、手镯等,在一些边远地区,女子外出还保留着蒙面纱的习俗。按照埃及的商务礼俗,宜随时穿着保守式样的西装。

3. 餐饮礼仪

埃及的社交聚会比较晚,晚饭可能10点半以后吃,应邀去吃饭,可以带些鲜花或巧克力,递送或接受礼物时候要用双手或右手,切记用左手。接待埃及客人的时候一定要备有非酒类饮料,尽管酒类饮料的消费正日益广泛的被人接受。不要把盘子里面的东西吃光,这被认为是不礼貌的。埃及人在正式用餐时,忌讳交谈,否则会被认为是对神的亵渎行为。埃及人一般都遵守伊斯兰教教规,忌讳饮酒,但可饮茶。他们有饭后洗手,饮茶聊天的习惯。他们爱喝一种加入薄荷、冰糖、柠檬的绿茶,认为这是解渴提神的佳品。他们忌吃猪肉、狗肉,也忌谈猪、狗,不吃虾、蟹等海味、动物内脏(除肝外)、鳝鱼、甲鱼等怪状的鱼。

4. 主要禁忌

埃及人大多信奉伊斯兰教。他们绝对禁食自死物、血液和猪肉,以及非诵真主之名而宰的动物,也禁止使用猪制品。埃及人喜欢绿色和白色,忌讳黑色、黄色。他们认为"3"、"5"、"7"、"9"是积极的,而认为"13"是消极的。由于伊斯兰教历与公历的差异,斋月的时间每年不同。在斋月期间,如果你在当地人面前吃喝东西或吸烟,会被训斥。

埃及人不喜欢珍稀动物大熊猫,因为他们认为大熊猫的样子与猪的形象很近似。他们忌讳左手传递东西或食物,认为左手是肮脏、下贱之手,是承包厕所任务的手。因此,使用左手为他人服务是蔑视人的做法,并有污辱人的意思。他们特别忌讳谈"针"这个字和借针使用,尤其是每日下午三点到五点这段时间内,无论说"针"字或借针使用,都会遭到冷遇的。他们忌讳称赞女人窈窕,否则会招来对方的斥责和臭骂,因为他们认为体态丰腴才算美。他们忌讳当众吐唾沫,因为在他们看来,吐唾沫是对仇人的诅咒举动。

(二)南非的商务礼仪

1. 社交礼仪

南非社交礼仪可以概括为"黑白分明"、"英式为主"。所谓"黑白分明"是指受到种族、宗教、习俗的制约,南非的黑人和白人所遵从的社交礼仪不同;英式为主是指在很长的一段历史时期内,白人掌握南非政权,白人的社交礼仪特别是英国式社交利益广泛地流行于南非社会。

目前而言,在社交场合,南非人所采用的普遍见面礼节是握手礼,他们对交往对象的称呼主要是"先生"、"小姐"或"夫人"。在黑人部族中,尤其是广大农村,南非黑人往往会表现出与社会主流不同的风格。比如,他们习惯以鸵鸟毛或孔雀毛赠予贵宾,客人此刻得体的做法是将这些珍贵的羽毛插在自己的帽子上或头发上。

2. 服饰礼仪

在城市之中,南非人的穿着打扮基本已西化。大凡正式场合,他们都讲究着装端庄、严谨。因此,进行官方交往或商务交往时,最好穿样式保守、色彩偏深的套装或裙装,不然就会被对方视为失礼。南非黑人通常还有穿着本民族服装的习惯,不同部族的黑人,在着装上往往会有自己不同的特色。

3. 餐饮礼仪

南非当地白人平日以吃西餐为主,经常吃牛肉、鸡肉、鸡蛋和面包,爱喝咖啡与红茶。南非黑人喜欢吃牛肉、羊肉,主食是玉米、薯类、豆类,不喜生食,爱吃熟食,南非著名的饮料是如宝茶。在南非黑人家做客,主人一般送上刚挤出的牛奶或羊奶,有时是自制的啤酒,客人一定要多喝,最好一饮而尽。

4. 习俗禁忌

信仰基督教的南非人,忌讳数字"13"和"星期五"。南非黑人非常敬仰自己的祖先,他们特别忌讳外人对自己的祖先言行失敬。跟南非人交谈,下列四个话题不宜涉及:一是不要为白人评功摆好;二是不要评论不同黑人部族或派别之间的关系及矛盾;三是不要非议黑人的古老习惯;四是不要为对方生了男孩表示祝贺。

五、大洋洲国家的商务礼仪

澳大利亚作为大洋洲的代表,主要介绍其商务礼仪。

1. 社交礼仪

澳大利亚人很讲究礼貌,在公共场合从来不大声喧哗。在银行、邮局、公共汽车站等公共场所,都是耐心等待,秩序井然。握手是一种相互打招呼的方式,拥抱亲吻的方式比较罕见。澳大利亚社会上同英国一样有"女士优先"的习惯,他们非常注重在公共场所的仪表,男子大多数不留胡须,出席正式场合时西装革履。澳大利亚人的时间观念很强,约会必须事先联系并准时赴约,最合适的礼物是给女主人带上一束鲜花,也可以给男主人送一瓶葡萄酒。澳大利亚人待人接物都很随和。

2. 服饰礼仪

澳大利亚人冬天穿套装,夏天穿长裤、裙子或衬衫,职业女性多数穿套装。在不是很正式的场合,男士可穿得体的短装、及膝长袜、衬衫及戴领带。

3. 餐饮礼仪

澳大利亚人在饮食上习惯以吃英式菜肴为主,其口味喜清淡,忌食辣味菜肴,有的人还不吃酸味的食品,他们的菜肴一般以烤、焖、烩的烹饪方法居多。他们在就餐时,大都喜爱将各种调味品放在餐桌上,任其自由选用调味,而且调味品要多。澳大利亚的食品素以丰盛和量大而著称,尤其对动物蛋白的需要量。他们通常爱喝牛奶、喜食牛、羊肉、精猪肉、鸡、鸭、鱼、鸡蛋、乳制品及新鲜蔬菜。他们爱喝咖啡,吃水果。

4. 主要禁忌

要避免批评任何与澳大利亚有关的事情,包括澳洲离欧洲相当遥远这个事实。不要随便对别人的观点表示同意,澳大利亚尊重自己有见解的人。行为举止要随意——任何装腔作势只会产生笑料。在澳大利亚人眼里,兔子是一种不吉利的动物。他们认为,碰到了兔子,可能是厄运将临的预兆。在社交场合,忌讳打哈欠、伸懒腰等小动作。

【复习思考题】

一、思考题

(1) 涉外商务礼仪应遵循哪些原则?
(2) 日本和韩国的商务礼仪有哪些不同之处?
(3) 美国和英国的商务礼仪有哪些不同之处?
(4) 伊斯兰教信仰的国家商务礼仪有何不同?

二、案例题

案例一

在一次宴会上,一位教授和他的夫人,以及他的学生们在一起吃饭。其中一位学生是美国人,他宴请了教授和其他的同学。美国的学生坐在教授的对面,而其他的学生则是随便坐。在吃饭的过程中,大家都在谈论关于中国与中美局势的话题。

问题思考:
请指出宴会上正确和失礼之处。

案例二

某一旅游团在泰国旅游期间,导游告诉游客在芭提雅西装革履的人并不被认为是有钱人。于是在游览曼谷大皇宫时,有的游客便穿着随便,其中一位李小姐穿着没有后带的拖鞋式凉鞋被拦在外面,还有一位王女士穿着贴身健美裤也被拦在外面。

问题思考:
请指出两位女士为什么被拦在外面?

三、实训题

运用迎接、谈判的基本礼仪,以中方接待美国、德国、英国、日本代表团为例,分组进行迎接,模拟谈判角色。

实训要求:
(1) 分组扮演不同角色,评选出优秀礼仪团队;
(2) 评分标准包括服饰、语言、禁忌、寒暄话题、体态语言等。

第九章 大学生求职礼仪

【学习目标】

(1) 了解企业招聘的基本流程。

(2) 掌握求职前的准备工作、面试过程中的礼仪,以及求职的后续礼仪。

(3) 熟悉自荐信、求职简历的写作方法及注意事项。

求职的礼仪,实质上就是求职者的修养在求职过程中的体现。应届毕业大学生如何选择职业及如何求职应聘已经成为他们就业谋职中的重要问题,好的谋职礼仪意味着成功的几率更大。每一位求职的大学生都希望在面试时给面试官留下一个好印象,从而增大录用的可能性,所以,事先了解一些求职礼仪特别是面试时的礼仪,是求职者迈向成功的第一步。

第一节 求职前的准备工作

俗语说:"有备无患,万无一失。"作为一名求职者,要想找到一份理想的好工作,在求职前做好充分的准备是非常必要的。

一、了解企业招聘的基本流程

从企业的角度看,一次成功的招聘涉及企业的多个方面,需要一个流程来保障其正常进行。一般来说,企业的员工招聘工作标准流程涉及四个步骤:确定人员需求、确定招聘计划、人员甄选及招聘评估。这也是企业招聘的通用流程。

(一) 人员需求申请单的填写

当部门有员工离职、工作量增加等出现空缺岗位需增补人员时,可向人力资源部申请领取人员需求申请单。人员需求申请单必须认真填写,包括增补原由、增补岗位任职资格条件、增补人员工作内容等,任职资格必须参照岗位说明书来写。填好后的人员需求申请单必须经用人部门经理的签批后再上报人力资源部。人力资源部接到部门人员需求申请单后,核查各部门人员配置情况,检查公司现有人才储备情况,决定是否从内部调动解决人员需求。若内部调动不能满足岗位空缺需求,人力资源部将把公司总的人员补充计划上报总经理,总经理批准后,人力资源部才能进行外部招聘。

（二）确定招聘计划

招聘计划要依据岗位说明书确定招聘各岗位的基本资格条件和工作要求,若公司现有的岗位描述不能满足需要,要依据工作需要确定、更新、补充新岗位的岗位说明书。

根据招聘人员的资格条件、工作要求和招聘数量,结合人才市场情况,确定选择什么样的招聘渠道。目前的主要招聘渠道有以下几个方面。

（1）大规模招聘多岗位时可通过招聘广告、学校和大型的人才交流会招聘。

（2）招聘人员不多且岗位要求不高时,可通过内部发布招聘信息,或者参加一般的人才交流会。

（3）招聘高级人才时,可通过网上招聘,或者通过猎头公司推荐。

人力资源部根据招聘需求,应准备以下材料。

（1）招聘广告。招聘广告包括：本公司的基本情况,招聘岗位,应聘人员的基本条件,应聘方式、时间、地点,应聘时需携带的证件、材料及其他注意事项。

（2）公司宣传资料,如公司简介等。

（3）应聘人员登记表、面试评价表等相关表格。

（三）人员甄选

人员甄选是指从应聘者的资格审查开始,经过用人部门与人力资源部门共同初选、面试、测试、体检、个人资料核实到人员录用的过程。初选是整个招聘工作中的关键,也是整个招聘工作中技术性最强、难度最大的一个环节。从 20 世纪 50 年代开始,在西方发达国家,企业招聘工作的重心就已经从寻找和吸引人员转移到了筛选方面。筛选在整个招聘过程中占据核心地位。如果不能有效地从招聘所网罗的人员中选择出最优秀的,或者不能把不合格人员排除在企业大门外,而是等他们进入企业之后再去应付,这就会直接或间接地给企业带来严重的损失,并造成一些法律上的困扰。

1. 进行初选

初选是指招聘单位收集应聘者的资料,进行初步筛选。进行初选时,公司招聘人员须严格按招聘标准和要求把好第一关,一般从文化程度、性别、年龄、工作经验、容貌气质、户口等方面来综合比较。符合基本条件者可参加复试(面试),不符合条件者登记完基本资料后直接淘汰。

2. 面试程序

不同岗位的人员面试要求有所不同。

（1）一线人员　一线人员由人力资源部经理进行面试。面试人员接到面试通知,工作人员整理好面试人员资料后,引领参加面试者到面试地点按顺序进行面试。

（2）专业人员　财务人员、企划人员等各类专业人员的面试由相应部门经理进行面试。一般按以下程序组织：

第一,人力资源部收集整理好应聘人员的资料交与相应部门经理；

第二,部门经理进行初步筛选后将通过者名单交与人力资源部；

第三,人力资源部通知复试,复试(面试)人员到达面试指定地点后,由工作人员引领按顺序进行面试。

（3）其他岗位人员　其他岗位人员由人力资源部经理进行第一次面试,工作人员整理好面试者资料后,引领参加面试者到面试地点按顺序进行面试。

3. 员工录用

（1）面试结束后,由各部门经理和人力资源部经理共同确定录取人员名单。

（2）工作人员对照最后确定的录用人员名单统一通知录取。

（3）新录员工须提供担保人身份证复印件、户口本复印件、照片等材料。

（4）人力资源部要为每一位新录用的员工建立员工档案,新录员工办理录用手续时需补交个人资料(如身份证复印件、学历证复印件、照片、体检证明等相关资料)。

（四）招聘评估

招聘评估由各级主管领导、人力资源部经理、助理、招聘工作人员及新录用人员的部门领导组成。

二、书面资料准备

求职前,书面资料的准备是一个非常关键的环节。大部分用人单位安排面试的依据是阅读有关反映毕业生情况的书面资料,对其而言,这些书面资料就是判断和评价毕业生的学习成绩、工作潜力的依据。无疑,拟订有说服力并能吸引用人单位招聘人员注意力的书面资料是赢得竞争的第一步。书面资料包括毕业推荐表、简历、自荐书、成绩单及各式证书(含获奖证书和技能等级证书),对于有些学生,还包括已发表的文章、论文及取得的成果等。接受面试之前,求职者要整理下列各项资料,以便更好地向用人单位展示求职者和表示求职者的诚意。

（一）毕业生推荐表

毕业生推荐表是指学校发给毕业生填写的并附有学校书面意见的推荐表。其中该表的综合评定及推荐意见部分是由最了解毕业生全面情况的辅导员填写,并且是以组织负责人形式向用人单位推荐,对用人单位具有较高的权威性和可靠性,用人单位历来把该表作为接收毕业生的主要依据。

毕业生推荐表填写笔迹的优劣易形成招聘者的第一印象,清晰、整洁、工整的字迹会让招聘者联想到有责任心、工作能力强、严谨认真的工作态度等印象,错别字或语法错误则会令人怀疑求职者的能力。

（二）个人简历

简历主要是针对意欲应聘的工作，将相关经验、业绩、能力、性格简要地列举出来，以达到推荐求职者的目的。毕业生推荐表只有一份，而简历可复印多份，最好用电脑打印出来，这样可以在人才市场、面试、走访招聘公司、恳请教师推荐、拜托朋友帮忙时，增加一个书面介绍求职者的机会，从而达到"普遍开花，重点结果"的效果。一份吸引招聘人员注意力的简历能创造面试的机会及增加录用的几率，所以必须使它兼备简洁、有序、有个性且不失重点等特色，千万不可失于烦琐冗杂。简历并没有固定的格式，对于社会经历较少的应届毕业生，一般包括个人基本资料、学历、社会工作及课外活动、兴趣爱好等。

1. 个人基本资料

个人基本资料主要指姓名、性别、出生年月、家庭住址等，一般书写在简历最前面，另外也可加上政治面貌、身高、视力等。

2. 学历

用人单位主要通过学历情况来了解应聘者的智力及专业能力水平，所以，学历一般应写在前面。

用人单位更重视的是求职者现在的学历，所以，书写学历的顺序最好从现在开始往回写，写到中学即可。书写学历的目的是展示毕业生的专业特长，故学校名称后要加上专业名称，如辅修课程与希望应聘的职位密切相关，也可写在主修课程之后，但须注明。

学习成绩优秀，获得奖学金或其他荣誉称号是学生生活中的闪光点，也应列出来；如果多次获得多项奖学金，也可一一列出，以加强分量。和工作经历丰富的应聘者相比，应届毕业生的学历比经历重要得多，为了强调专业特长，尤其是特殊专业，也可把与应聘工作相关的课程集中起来，附在专业后面。

如果毕业前有较多工作经验，也可有选择地列出与应聘职业有关的经历。

3. 生产实习和毕业论文及发表的文章、成果

生产实习提供了学生理论联系实际的机会，增加了阅历，积累了工作经验，应尽可能写得详细，并强调收获。毕业论文展示了求职者的专业能力和学术水平，如果在应聘前完成，也可写进简历。如果大学期间有已发表的文章、论文及成果，将是简历表中一项有力的参考内容，切记注明发表时间和刊物名称及文章名称。

4. 社会活动和课外活动

近几年来，越来越多的用人单位渴望招聘到具备一定应变能力、能够从事各种不同性质工作的应届毕业生，特别是外商办事处、商贸性公司、国家机关等，学生干部和具备一定实际工作能力、管理能力的毕业生颇受用人单位青睐。在这些社会活动中，求职者的责任心、协调能力、社交能力、人格修养及专业能力得以充分展示，所以，社会实践活动和课外活动,对于仍在求学、尚无社会经历的毕业生来说,是应聘时一个相当重要的内容。书写的内容可包括职务、职责及业绩。

5. 勤工助学经历

即使勤工助学的经历与应聘职业无直接关系,但打工赚学费可显示求职者的意志,并给人留下能吃苦、勤奋、负责、积极的好印象。书写内容可包括在何处担任什么工作、得到什么经验等。

6. 特长

对于毕业生,特长是指求职者拥有的技能,特别是指中文写作、外语及计算机能力,如果通过国家等级考试,应一一罗列出来。

7. 兴趣爱好与性格

如果社会工作经历较少,为能表现求职者的个性,可加写兴趣,以展示求职者的品德、修养或社交能力及团队合作精神,但注意最好写一些求职者有所研究并具有个性的爱好。如没有兴趣爱好也可不写,可直接描述求职者的性格特点。性格特点与工作性质关系密切,所以用词要贴切。

8. 联系信息

最后,切记填写好联系地址、电话,以免用人单位联系不到求职者,而使求职者失去选择的机会。

此外,个人简历撰写出来后,应该再认真检查,看它是否符合下列几项要求:

第一,积极表现出求职者的优点、专业特长;

第二,由于它是目录形式,必须简洁有序;

第三,表述力求突出个性,避免平庸;

第四,用词妥当,言辞诚恳,自信而不自大,适当自谦;

第五,最好控制在一张 A4 纸内,版面干净,无错别字。

(三)自荐信

自荐信是有目的地针对不同用人单位的一种书面自我介绍。相对目录式的简历,自荐信的书写格式与一般书信相同,信的开始要先做自我介绍,如姓名、学校、所学专业等。书写内容主要是求职者对从事此工作感兴趣的原因、愿意到该单位工作的愿望和求职者具有的资格。最后,要提出求职者希望能有面试的机会,附联系地址、电话。

对工作感兴趣的原因要简洁,一般应从下面两个角度入手:一是求职者对该单位或职位的兴趣,如"我希望有机会在贵单位工作,因为我对贵单位的现代管理方法比较感兴趣"等;二是求职者的资历具备了应聘该职位的资格,如"四年市场营销专业的学习,我希望应聘贵公司销售部产品推销员一职,因为这是一个具有开拓性和挑战性的工作"等。

然后详述求职者的资历与职位有什么关系,学历是最重要的因素,要强调求职者与该工作有关的课程、优秀成绩、获得奖学金的次数、专业方向等,用突出求职者的社会工作能力来表明求职者的适应性,并表示愿意接受挑战。

下面就是一则典型的自荐信。

自　荐　信

×××经理:

　　您好!我写此信应聘贵公司招聘的经理助理职位。我很高兴在招聘网站得知贵公司的招聘信息,并一直期望能有机会加盟贵公司。

　　两年前我毕业于××××大学国际贸易专业。在校期间,我学到了许多专业知识,如国际贸易实务、国际商务谈判、国际贸易法、外贸英语等课程。毕业后,就职于一家外贸公司,从事市场助理工作。主要是协助经理制订工作计划和一些外联工作,以及文件、档案的管理工作。本人具备一定的管理和策划能力,熟悉各种办公软件的操作,英语熟练,略懂日语。我深信可以胜任贵公司经理助理一职。个人简历及相关材料一并附上,希望您能认识到我是该职位的有力竞争者,并希望能尽快收到面试通知。我的联系电话:139×××××××××。

　　感谢您阅读此信并考虑我的应聘要求!

　　此致

敬礼

您真诚的朋友:×××
×年×月×日

另外,自荐信书写要有说服力,以证明求职者有资格胜任该工作,态度要诚恳,用语要得当,并能吸引对方的注意力。

在毕业生推荐表、简历和自荐信后,还应附有成绩单、各式证书和作品等,包括毕业证书、身份证、各种技能水平的证书和其他与应聘工作有关的证件,都是应聘者专业水平的有力证明。

三、心理准备

求职面试时,求职者不知道自己能否妥善应付所有问题令面试官满意,大都会有些忐忑不安,这种心理负担是人之常情,但要尽快适应。在面试前做好心理准备,可缓解心理压力,促使竞争成功。

(一)客观、准确地认识自我

求职者要深知自身的长处和短处,应考虑在面试时怎样才能扬长避短,巧妙地避开或弥补自身有所欠缺的地方,更好地表现出长处。只有战胜过分紧张状态,才能保证在面试时正常发挥并争取超常发挥。因此,认识自我是求职者成功走向社会的必要条件。

1. 通过自我剖析认识自我

求职者要经常对自身的心理、行为进行剖析,使自我评价逐步接近客观实际。自负者要经常自我批评;自卑者要看到自身的长处,增强自信心。

2. 通过比较来认识自我

有比较才有鉴别,事实上,人们往往是通过与别人的比较来认识自我的。一是与同学比较来认识自我,不仅比考试分数,更应注重实际能力的比较。通过比较,可以认识自身的长处和不足,认清自身在相比较的人群中所处的位置,以便扬长避短。二是通过别人的态度来认识自我,当然,别人的态度不一定能全面评价一个人,但大多数人的态度总能说明某些问题。一个求职者如果不注意与共同竞争者相比较,就很难判断出自己求职的成功几率。

3. 通过咨询来了解自我

可向就业指导教师和辅导员咨询,也可征求同学、家长和熟悉自身的人的意见。长期学习、生活在一起的人对求职者的言行看在眼里,印象很深,对求职者的评价会更公正、更客观。

（二）正确对待求职面试

1. 充满自信

自信是求职面试前必备的心理素质,是面试成功的关键。面临重要场合产生胆怯和紧张的情绪是人之常情,这些心理现象都属于个人的非智力范畴,完全可以通过自身的调节来克服。首先,要保持平常心态,这次不行,还有下次。这次面谈虽然失败,却可以从中得到宝贵的经验,有助于下一次的成功。其次,熟记自身的求职资格和能力,可以反复大声朗读背诵或在家人、朋友面前陈述,直到把所有内容烂熟于心,能够轻松自如地谈论自己为止。同时,多次提醒自己,"我希望获得这个职位,我能够获得这个职位",用充满必胜的信念和旺盛的精力去争取辉煌的战果。最后,不要随便否定自己,要坚信"天生我材必有用",即使应聘不成,也只不过是"大路朝天,各走一边",只要是千里马,何愁遇不见伯乐。只有大方、真诚、坦然地面对求职面试,才能在应试中脱颖而出。

2. 期望适当

无论对什么事情,期望值都不要太高。因为事情的结果往往和所预想的有一定差距,要有从最坏处着想,向最好处努力的思想准备。若对理想职位期望值过高,势必会对较不理想的结果过分恐惧而产生不必要的紧张,导致面试时无法正常发挥。事实证明,适度的紧张是有益无害的,适度的紧张可使求职者更加严肃认真,注意力更集中,而过度的紧张只能破坏心理平衡,使头脑迟钝、思维混乱、发挥失常。

健全而又成熟的心态是面试成功的重要保障,保持一个健康积极的心理状态,对就业面试和日后工作的开展都是很有帮助的,同时也能使毕业生更快地完成校园到职场的心理转变,在紧张的面试中保持清醒的头脑,出色地走完面试过程。

四、了解目标单位和岗位要求

某著名企业人力资源部主管曾说:求职者要想让我满意,必须首先了解我们的公司,了解我们需要什么样的职员,然后,我才会对他做出进一步的考察。可见,求职者在面试前,不但要了解自我,还要了解目标单位和岗位要求。面试官大多由本单位的人力资源部门人员担任,面试官的问题一般都会围绕专业问题展开,所以,求职者事先应当对所应聘的单位有深入的了解,特别是对申请的职位一定要了如指掌,如果能对专业和发展方向发表较为深入的看法则更好,只有这样,求职者才能成为众多面试者中给面试官留下深刻印象的一位,而且对所申请的职位进行全面了解,本身就是一种展示真诚的手段,也表达了求职者对获得本职位的渴望。

(一) 了解的内容

1. 对目标单位的具体了解

在面试前,最好弄清招聘单位的各种情况,如单位的性质、特点、经济实力与效益、领导人及能力如何等。该企业的经济效益情况,是盈是亏? 具体数额是多少? 其关键原因在哪里? 畅销产品是什么? 主销区在哪里? 因为面试时,面试官可能会问及"求职者对我们的企业怎么看"一类的问题,如果没有一些具体的材料作为论据,只是泛泛而谈,面试官肯定会认为求职者并不关心这家企业,只关心谋取一个职位。

2. 对应聘岗位的具体了解

一般说来,面试时会谈及关于应聘相应岗位的话题,如果求职者一无所知,肯定难以令面试官满意。所以,求职者应了解应聘相应岗位所需的理论知识、专业技能、工作强度、纪律约束、质量要求等,越全面越好。

(二) 了解的方法

对目标单位的了解可通过以下方法。

1. 与目标单位雇员谈话

与目标单位雇员谈话,能帮助求职者了解目标单位概况,如公司总人数、总部所在地、董事长、高级职员、部门经理、公司业绩、工作报酬等基本情况。

2. 利用公共图书馆

图书馆有种类繁多的报纸杂志,最容易查到相关信息。在商业和贸易杂志及报纸的商业版可以了解到企业的营运状况、公众形象、经营范围、服务项目、行业地位、近期和长远发展的资料。

3. 利用互联网

通过互联网查阅行业信息,打开目标单位主页查阅相关资料。

五、问题准备

面试官会问哪些问题,很难预见,因此,在准备了大量有关该单位的材料后,还应分析该单位在制度、管理、发展方向等方面存在的问题、取得的经验等,并从中提炼、仔细研究和推敲面试时可能会问到的问题,准备好恰当的答案,以防万一。下面我们就求职面试中出现频率最高的一些基本问题进行简单介绍。

(一)关于求职者个人信息

关于求职者个人信息主要是有关求职者自身的基本情况,如兴趣、爱好、特长、恋爱、婚姻、家庭、宗教信仰、理想和抱负、人生观、价值观、世界观等。这些问题的答案没有正确和错误之分,个人根据自身情况可以有多种回答,但应注意以下几点。

(1) 要与个人简历和求职信上的对应信息一致,千万不能自相矛盾。
(2) 不要谈一些与应聘工作无关的东西,即使是求职者的特长和优点。
(3) 谦虚谨慎,不可表现得野心勃勃,唯我独尊。

(二)关于求职动机

弄清求职者的求职动机,是面试官的基本任务之一。大凡有经验的面试官,都不会放过考察、验证求职者求职动机的任何机会。关于求职动机的问题如下。

(1) 你为什么来本单位应聘?
(2) 你对应聘职位有哪些期望?
(3) 如果你被录用,今后五年内你会如何发展?
(4) 你在工作中的追求是什么?
……

招聘单位要求员工有责任心、事业心、合作和团队精神,所以,求职者在谈求职动机时要真诚地显露出自身崇高的精神境界,对于金钱、名利绝不能表现出崇拜、贪婪的心态,但也不能过于清高,不能把物质利益贬得不值一谈,否则将被判定为虚伪或不通人情。

(三)关于实习实践

在人员甄选录用中,用人单位一般坚持在素质、能力相当的情况下,工作经验优先。对大学生而言,没有工作经历,但经历过实习和实践。因此,有经验的面试官肯定会询问求职者的实习和实践经验,并验证其是否属实。关于实习实践的问题如下。

(1) 你在实习期间都从事过哪些工作?你最喜欢哪个工作,为什么?你最讨厌哪个工作,为什么?
(2) 你最近的实习工作有哪些职责?
(3) 你在实习工作中曾取得了哪些值得自豪的成绩?

(4) 我们每个人都会犯错误,你能谈一下在实习工作中所犯的错误和所受的挫折吗?

(5) 你在实习工作中曾经遇到过什么困难?最后是怎么解决的?

……

因为面试官所关心的是与求职者目前正在申请的职位和工作有关的工作经验,所以,求职者必须把有利于做好应聘的工作的经历和经验说清楚,并突出强调,不要闲聊。

(四) 关于教育和培训

面试官一般会验证一下求职者在简历和求职信上所说的是否属实,求职者所受的教育和培训是否有利于完成应聘的工作。关于教育和培训的问题如下。

(1) 你是哪个学校毕业的?哪个科系毕业的?

(2) 简单介绍一下你的专业好吗?

(3) 你最喜欢的功课是什么?

(4) 你受的哪些教育和培训会有助于做好你要应聘的工作?为什么?

(5) 简要谈一下你的毕业论文或毕业设计,好吗?

(6) 你的学习成绩怎样?你是否满意?

(7) 你在工作中主要受过哪些培训,效果怎样?

……

对求职者所受的教育和培训一般应如实回答,不可把求职者拔得太高,回答时要谦虚一点,不可旁若无人,夸夸其谈,要特别突出求职者所受教育培训与求职者所应聘的工作之间的关系,要有所分析,不能简单地下结论。

(五) 关于未来的计划和目标

用人单位非常关心新进员工的心态和打算,特别想了解其是否会全身心投入到工作中去,有无明确的计划和目标,因此,面试官对可能成为本单位新进员工的求职者往往会问及其未来的计划和目标。关于未来的计划和目标的问题如下。

(1) 如果你被录用,你准备怎样开展工作?有什么设想?

(2) 如有其他的工作机会,你怎样看待?

(3) 你打算沿着这条职业道路走下去至少五年至十年吗?十年后你希望从事什么工作?

(4) 进入我们单位后,你认为你的优势和不利因素是什么?

(5) 你是否确定了在我们单位的奋斗目标?你怎样去实现你的目标?

……

对于未来的计划和目标,求职者必须要有所考虑,要理清思路,在回答时要把握下列原则:个人的计划和目标应当服从于组织的计划和目标,不能太理想化,不能犯个人主义的错误。这类问题不太好回答,事先要仔细、全面地考虑,面试时不可避而不答,应大胆地提出设想和方案,尽管可能不成熟,但总比一无所知要好得多,因为面试官关心的往往不是求职者的设想和方案是否可行,而是求职者对这类问题有没有认真考虑过。如果求职者能提出可行性的计划和方案,符合组织的利益和需要,那么求职者将可能成为优先的录用者。

至于面试中考察表达能力、归纳能力、分析能力、想象力、创造力、组织能力、应变能力、判断能力、自控能力等问题,求职者可以做一定的准备,但一般不是短期就能见效的,因此,不要为此太过劳神,要树立自信心,发挥出正常水平即可。

此外,如果求职者想询问面试官一些问题,事先一定要想清楚该不该问,怎样问,并整理、归纳好问题,提问要谦虚、谨慎,不要自找没趣。所提问题应限制在询问应聘单位和应聘职位的范围内,但在招聘告示、单位介绍中已有的内容,面试官已经介绍过的内容要排除在外。不要问特别简单或复杂的问题,要回避敏感性的问题。可以问一些像有关应聘单位在前进中取得的成绩、存在的问题和面临的困难及未来的发展战略之类的问题。

六、服装及仪容准备

良好的仪容仪表,既是自尊自爱的表现,也是对他人尊重的体现。在求职面试过程中,面试官首先是通过仪容仪表来认识应聘者的。在最初的交往中,仪容仪表往往比一个人的简历、文凭、证书等的作用更直接。一位人力资源部经理曾说:求职者不可能仅仅因为打了领带获取某个职位,但求职者肯定会因戴错了领带而失去一个职位。由此可见,端庄得体的衣着对求职活动的顺利进行起着不可忽视的重要作用。那么,应聘时如何进行正确的仪容仪表设计呢?具体方法有如下几种。

(一) 妆容

面试前一天晚上,要彻底清洗头发,务求保持干净、清爽、整齐。女性在面试前,面部化妆要清新、素雅,色彩和线条的运用都要宁淡勿浓,恰到好处。既要使求职者显得精神饱满,又要把握好分寸,给面试官留下良好印象。

(二) 发型

发型色彩上以黑、栗棕色为主,以体现自然和适当的青春活力,不可夸张怪异。男生的发型不可勾眉搭眼,长发过耳显得无精神,也不可留过短的小平头,过于个性化。女生发型的标准以端庄典雅、自然为主,不可凌乱。

(三) 手部

双手也是能显露人高雅尺度的器官,在求职礼仪中是不可忽视的。当求职者在递简历、与面试官握手时,面试官首先看到求职者的手,通过这双手可以给面试官形成一种印象,可以判断出求职者的修养与卫生习惯,甚至对生活的态度。因此,求职者要保持双手清洁,指甲要修剪整齐。女性应避免对指甲的过分修饰,指甲油应以本色或透明色为佳,如果不能保持指甲油涂抹后的完美效果,就应放弃涂指甲油而保持一双干净、整洁的双手。

(四)衣饰搭配

衣着往往反映的是人们希望达到的层次。男性在正规的场合下,一般应该穿西装,打领带。女性可以穿职业套装或套裙,不可穿着透视装、吊带裙、超短裙或太紧身的衣服。

(五)其他

另外,面试时有时需要携带一些个人资料及纸和笔之类的物品,公文包就成了必不可少的携带物。出门前,要再次检查公文包内所装之物,切忌不要装得太满,应把所有资料和用品分门别类、有条不紊地摆放整齐。

面试时,求职者和面试官的距离一般不会很远,如果身体散发异味,会使人不快,特别应注意保持口气清新,必要时可以喷口腔清新剂或咀嚼口香糖来减少口腔异味。不过要注意,在与人交谈时嚼口香糖是极不礼貌的。

一切准备妥当之后,别忘了出门面试前再一次面对镜子或请朋友帮助审视自己的仪容仪表,务求做到整洁、端庄、得体、大方。总之,从细节着手,顾全大局。

第二节 面试过程中的礼仪

完成了前期的准备工作后,求职者就进入了与招聘者相见、交谈的阶段,即进行面试。面试是成功求职的临门一脚。求职者能否实现求职目标,关键的一步是与用人单位见面,与面试官进行信息交流,以便使面试官确信求职者就是用人单位所需要的人才。这个阶段求职者给对方印象的好坏直接影响求职的成败。

一、面试开始前的礼仪

一旦与招聘方约定好面试时间,务必做到准时守信和彬彬有礼,才能表达求职者的诚意,给对方以信任感。

(一)准时守信

守时是一种美德,也是一个人良好素质修养的表现。所以,面试时一定要准时守信,不仅说明求职者的诚意,也是对面试官的尊重。迟到会给人以言而无信、随便马虎、缺乏责任心的印象,特别是外资企业,老板最讨厌不能守时的人。

去面试时,要考虑途中塞车或迷路等意外情况,可提前 20 min 或半个小时到达。

如果一切顺利,则可利用这段时间先熟悉一下环境,稳定情绪,检查仪表,调整心态,做一些简单的准备,以免仓促上阵,破坏面试官对你的第一印象。如果确有特殊情况不能按时到达,应事先打电话告知面试官,以免对方久等。

(二)礼待接待人员

对接待人员要以礼相待,恰当地表示礼貌。候试期间,应端坐在指定位置上,不可随意走动、东张西望。等候时间越久,越要沉稳,不可露出焦急不耐烦的神态,也许这正是面试的一部分。对接待人员的询问,应礼貌回答,但不要贸然与之闲聊,除非对方主动问话,以免妨碍他人工作,引起不满。接待人员或秘书的好评也许不能起决定性的作用,但是一个"目中无人,缺乏礼貌"的评价将会对求职者造成一定的影响。

二、面试中的会面礼仪

面试是其他求职形式永远无法代替的,因为在人与人的信息交流形式中,面谈是最有效的。在面谈中,面试官对求职者的了解,语言交流只占了30%的比例,眼神交流和面试者的气质、形象、身体语言占了绝大部分,所以,求职者在面试时要注意求职者的会面礼仪。

(一)自我介绍礼仪

面试的介绍并不是不必要的重复,而是为了加深印象,给对方以立体的感觉。自我介绍一般要求简短,如我叫×××,很高兴能够有机会到贵公司参加面试。

(二)握手礼仪

和面试官握手态度要坚定,双眼要直视对方,要自信地说出求职者的名字,要在面试官的手朝求职者伸过来之后立即握住它。专业化的握手能创造出平等、彼此信任的商业氛围。求职者的自信也会使人感到求职者能够胜任而且愿意做任何工作,这是创造良好印象的最佳途径。

(三)接受对方名片礼仪

假如对方递送名片应以双手接过来,并认真看一看,熟悉对方职衔,有不懂的字可以请教,然后将名片拿在手中。如果在谈话中,再从口袋里重新取出名片来看,会让人感到不够诚意,进而给对方不良的印象。最后告辞前,一定要记住把名片放入求职者上衣内侧口袋里以示珍重,千万不要往裤袋里塞。

(四)距离礼仪

面试时,应试人和面试官必须保持一定的距离,留有适当的空间,不适当的距离会使面试官感到不舒服。如果应试人多,招聘单位一般会预先布置好面谈室,把应试人坐的位置固定好。进入面试室后,不要随意将固定的椅子挪来挪去。有的应试人喜欢表现亲密,总是把椅子往前挪,殊不知面试官是讨厌这种行为的。如果应试人少,面试官也许会让求职者同坐在一张沙发上,这时,求职者就应该界定距离,太近不好,太远也不好。太近容易和面试官产生肌肤接触,这是失礼的行为。坐得太远了,则会使面试官产生一种疏远的感觉,这就会影响沟通的效果。

(五) 姿态礼仪

挺直腰身坐在椅子上,坐得自然、放松些,尽量做到大方优雅,这些都可以事先练一练,让求职者不至于手足无措。此外,若特地为面试而买了新衣服,则最好先穿一两次,觉得自然舒服了才穿去面试。面试时间太长的话可在适当的时候换个姿势,身体动作切忌太大,挥动双手时确保手愈贴近身体愈好,这样才能给人稳重冷静的印象。

(六) 目光礼仪

面试交谈时:看着对方,说明对交谈感兴趣;目光游移,说明心不在焉;目光躲闪,说明心理不踏实。在目光交流中最忌讳的是凝视,合乎礼仪的目光交流应介于扫视和凝视之间。双方目光相遇,对视瞬间,持续 2～3 s,期间经常交换一个信号。眼神应坦然、自信,眼神茫然不定或目光呆滞会令人觉得求职者是个不够成熟、靠不住的人,要适当地望着对方的眼睛,尤其是对方在向求职者发问时。在求职者跟对方说"我希望可以为贵公司服务"这一类的话时,若想对方给求职者一个肯定的正面答复,不妨面带诚恳的微笑正视他。

三、面试中的交谈礼仪

交谈是面试的核心部分,要特别注意交谈语言、聆听和应答的礼仪技巧。

(一) 交谈语言礼仪

求职面试同其他社会交往一样,是以语言表达思维、互相沟通的社会行为。虽然面试等应聘环节对语言没有特别的标准和要求,但社会所认可的良好的语言习惯,也是求职面试应达到的基本水准。因此,了解什么是良好的语言习惯,并在应聘中有意识地加以运用,有助于提高应聘成功率。

良好的语言习惯不仅指不犯语法错误、表达流利、用词得当,同样重要的还有说话方式,应当做到发音清晰、语调得体、声音自然、音量适中等。说话时俚语、俗语不断,过分使用语气词、口头语都是语言修养不高的表现。

目前,面试中夹杂英语对话已经成为一种时髦,有不少求职者有意使用这种"中英混合"的语言,以表明求职者的英语水平。这种自以为聪明的做法,很可能弄巧成拙。有不少外资企业的人力资源部经理对这种语言方法颇为反感,他们认为这是语言水平不高的表现,如果求职者的中文或英文水平高,完全可以用一种语言来表达求职者的意思。

(二) 聆听礼仪

在面试过程中,聆听也是一种很重要的礼节,甚至比交谈传递出面试官需要的信息,展示出求职者的能力和风采更为重要。

不会听,也就无法回答好面试官的问题。好的交谈是建立在聆听基础上的。聆听就是要对对方说的话表示出有兴趣。在面试过程中,面试官的每一句话都可以说是非常重要的。求职者要集中精力认真地去听,要记住说话人讲话的内容重点,即使说话者谈话确实无聊、乏味,求职者也要转变自己的想法,认真听对方的谈话或多或少可以使求职者受益。在聆听对方谈话时,要自然流露出敬意,这才是一个有教养、懂礼仪的人的表现。一个好的聆听者应做到以下几点:

(1) 记住说话者的名字;
(2) 用目光注视说话者,保持微笑,恰当地频频点头;
(3) 身体微微倾向说话者,表示对说话者的重视;
(4) 了解说话者谈话的主要内容;
(5) 适当地做出一些反应,如点头、会意地微笑、提出相关的问题;
(6) 不离开对方所讲的话题,巧妙地通过应答,把对方讲话的内容引向所需的方向和层次。

(三) 应答礼仪

求职面试的核心内容就是应答,求职者必须认真地把握谈吐。在应答过程中,要注意相应的原则和礼节规范,求职者此时的一言一行都关系自身的职业和前程。

1. 听清题目及要求

求职者必须要让面试官先开口发问,认真听清面试官的题目及其要求,才能针对问题的核心做最正确完善的回答,以便和面试官取得共识,获得较高的评价。切忌过分热情,不问青红皂白就口若悬河。

2. 保持轻松自如

求职者在面试时,要面对一个或几个可以影响求职者前途的陌生人,多少都会有压力、会紧张。因此,应答时应尽量减轻压力,放下包袱,轻松上阵。要明白,接到聘用单位面试通知,表示已经有了50%的把握,剩下的机会要看现场发挥了。

3. 遇事冷静

在面试过程中,必要的应变能力常常是考察的主要内容之一。面试官为了观察求职者的应变能力及把握自我的能力,常常采用较为特殊的手法。例如,有的面试官采用中途退场或姗姗来迟来考察求职者的反应;有的会提出一些较为苛刻的问题,甚至这些问题和招聘没有什么关系。若问到个人隐私时,应委婉地拒绝:"这是我的个人隐私,能否改日再谈。"这充分体现了求职者的修养。总之,如果遇到不尽如人意的事千万要冷静,要表现出不在意的样子,要保持情绪上的稳定,切忌不冷静,态度暴躁。

4. 善于思索

一般来说,用人单位并不希望录用只能按事照办、老实听话、工作呆板、遇事无措,缺乏主动性、创新性的员工。因此,求职者应善于思考问题,积极主动,把握机会,将自己的观点、想法及时提供给用人单位,充分展示自己某些方面的才能,赢得面试官的重视。

5. 诚实坦率

任何人都不可能是万事通,在面试中遇到实在不会回答的问题,就应坦诚地回答:"这个问题我没有思考过,不会回答。"这样反倒给面试官留下诚实、坦率的好印象。不要支支吾吾或不懂装懂,否则面试官进一步追问,情况会更糟。

6. 多谈对方

许多人在面试应答时总是喋喋不休地大谈求职者,这种应答方式容易引起对方的心理抵触。如面试官问到:"你为什么要来应聘我公司呀?"一般人多半是从求职者入题,要么诉说求职者的愿望:"我是学电子的,到贵公司工作才是专业对口。"要么诉说求职者的经历:"我在原单位呆不下去了,那里的领导压制人才。"要么诉说求职者的困难:"我原来上班的地方离家太远了。"这样应答,不容易获得面试官的认同,善于应答的求职者会说:"我觉得贵公司力量雄厚,领导得力,上下一心,适于一切有才干的人发展。"这样从对方入题,引起对方的好感,使对方感到求职者能尊重、关心公司的需要,愿为公司尽绵薄之力。

7. 适当提问

面试中应聘者的提问是应当且必须的,很多面试官都希望应聘者提问题,关键是看应聘者提什么问题。如果应聘者涉及的大多是关于薪水、报酬等问题,面试官有可能会不高兴。如果应聘者提的问题侧重于工作,侧重于求职本身,面试官多少会有意无意地向应聘者透露一些信息。

8. 薪金问题

薪金问题,一直是个既敏感又实际的问题,在面试应答中常被提及。在面试时,不论是否被明确地摆上桌面,都要掌握好。求职者和招聘者面谈时可事先了解行业的一般待遇。不宜在刚与面试官见面时谈待遇问题,而应掌握"火候"。最好等到面试官表示出合作意向时再谈论薪水问题。当面试官有意聘用求职者时,他可能会突然提问:"你希望的月薪是多少?"此时,求职者可以根据自己掌握的有关情况,说出能接受的最低待遇和希望获得的最高月薪。倘若行业的一般待遇是月薪 1 800 元,求职者期望月薪 2 000 元,就可说"1 800 元至 2 200 元左右,如何?"切忌把话说死,而要给对方和自身都留下回旋的余地。

四、面试结束时的礼仪

许多应聘者不重视面试结束时的礼仪,结果与机会失之交臂,结束时的礼仪同样必不可少,因为这样会给面试官留下良好印象。

(一)适时告辞

一般情况下,面试都不设最高时限,但应聘者必须明白,面试是有时间限定的。面试时间过短,不足以充分展示自我能力;时间过长,会造成面试官的疲惫。所以,事先要想好交谈的话题,把必须说的问题简洁、有力地交代完毕后,即可做告辞准备。不要无谓地拖延时间。在谈话过程中,如果听到面试官说"你的情况我们已经了解了,今天就到这里吧"、"很感谢你对我们公司的关心"、"谢谢你对我们工作的支持"等话语时,就是该主动结束谈话的时候了。

告辞时,应向面试官表示谢意,感谢他抽出时间与求职者交谈,如当面没有告知结果,则可以再次强调对应聘工作的热情,如有可能可约定下次见面的时间。

(二)保持风度

面试的整个过程中都应该保持镇静,尤其在得知失败的时候,更要保持最佳风度,控制求职者失望、急躁的情绪,不要灰心、气馁,仍应面带微笑、握手告别,保持最后的礼节,做到善始善终。有一位被拒绝聘用的大学生,在告辞时十分礼貌地说:"感谢贵公司给我这次面试的机会,它使我受益匪浅,遗憾的是我不是贵公司所需要的人才,但我会努力,如果再有机会,我想我们会合作成功。"这种坦荡的作风,深得面试官的好感,认为此人是可塑之才,于是决定破格录用。可见,应聘中每一阶段的努力都是必要的。

与面试官最好以握手的方式道别,离开办公室时,应该把刚才坐的椅子扶正到刚进门时的位置,再次致谢后出门。经过前台时,要主动与前台工作人员点头致意或说"谢谢你,再见"之类的话。这样,即使求职者的实力与其对手们相当,却会因求职者在为人处世方面的得体,其把握将会胜人一筹。

第三节 求职的后续礼仪

在求职的过程中,许多求职者只留意面试时的礼仪,而忽略了面试后的善后工作。面试结束并不意味着求职过程的结束。等待面试结果的同时也要做一些必要的工作来完善求职者的形象。

一、不忘事后致谢

为了加深招聘人员的印象,增加求职成功的可能性,面试后的两三天内,求职者最好给招聘人员打个电话或写封信以表示感谢。感谢电话要简短,最好不要超过3 min;感谢信要简洁,最好不超过一页纸。感谢信的开头应提及求职者的姓名及简单情况,以及面试的时间,并对招聘人员表示感谢。感谢信的中间部分要重申对公司应聘职位的兴趣,增加一些对求职成功有用的新内容,尽量修正求职者可能留给招聘人员的不良印象。感谢信的结尾可以表示求职者能符合公司应聘职位要求的信心,主动提供更多的材料,或者表示能有机会为公司的发展壮大作贡献的决心。

二、不过早打听结果

在一般情况下,每次面试结束后,招聘主管人员都要进行讨论和投票,然后送人事部门汇总,最后确定录用人选,这个阶段可能需要三五天的时间。求职者在这段时间内一定要耐心等候消息,不要过早打听面试结果。

三、调整心情不放弃其他机会

如果同时向几家公司求职,在一次面试结束后,则要注意调整自身的心情,全身心投入准备第二家单位的面试。因为在接到聘用通知之前,面试结果还是个未知数,求职者不应该放弃其他机会。

四、适时询问面试结果

一般来说,如果求职者在面试的两周后,或者面试官许诺的时间到来时还没有收到对方的答复,就应该写信或打电话给招聘单位,询问面试结果。这能表示出求职者的兴趣和热情,还可以从对方的口气中得出求职者是否有希望被录用。如果求职者在打电话询问情况时觉察出求职者有希望中选,但最后决定尚未做出,那求职者应该在一两个星期后再打一次电话查询。

五、做好再冲刺的准备

应聘中不可能个个都是成功者,万一在竞争中失败了,千万不要气馁,这一次失败了,还有下一次,就业机会不止一个,关键是必须总结经验教训,找出失败的原因,并针对这些不足重新做准备,以谋求东山再起。

【复习思考题】

一、思考题

(1) 求职前需要做好哪些方面的准备?
(2) 打求职电话的礼仪有哪些?
(3) 面试应答中有哪些礼仪?
(4) 面试结束时有哪些礼仪?
(5) 求职的后续礼仪有哪些?

二、案例题

案例一

孙兰刚跨出大学的门槛,就有一家心仪已久的外资公司通知她去面试。那家公司总经理是个叫约翰的美国人,和蔼可亲。在一番亲切交谈后,他很愉快地给了孙兰一张他的名片,孙兰恭敬地收下了。近半个小时的面谈,给孙兰留下了深刻的印象。

接下去的日子便是漫长的等待,孙兰天天在电话边上守着。一天、两天、一个星期、两个星期过去了,一点消息都没有,而且孙兰在等待中也放弃了其他机会。

无奈中,孙兰又翻阅招聘广告,这些招聘广告不是她觉得不合适就是她不喜欢。这时候才发觉,原来她一直很在乎那份外企工作。于是她找到总经理约翰的名片,按照上面的地址写了一封信,感谢总经理给了她面试的机会,并期望得到进一步通知。当白色的信封投入绿色邮筒的时候,她心里一阵轻松。第三天,她就接到了约翰先生的电话,他用英语说:"You are employed, congratulations!"(祝贺你,你被录用了!)孙兰高兴得禁不住跳了起来!

问题思考:

请分析约翰先生为何录用孙兰?

案例二

小　李:(推门进来,重重地关上门。坐在面试官面前,默不作声。)

面试官:你是李东吧? 请问,你是哪所学校毕业的? 什么时候毕业的?

小　李:(不解地)您没有看我的简历吗? 您问的这些问题简历上都写着呢。

面试官:看了。不过我还是想听你说说。那么,请用一分钟叙述一下你的简单情况。

小　李:(快速地)我在大学里学的是文秘专业,实习时在一家广告公司工作负责文案。这几年,我参加了英语专业的自学考试,目前已通过五门功课。我很想到贵公司工作,因为贵公司的工作环境很适合年轻人的发展。我希望贵公司给我一个机会,而我将回报贵公司一个惊喜。

面试官:(皱起眉头)好吧,回去等通知吧。

小　李:(急匆匆走出去,又急匆匆返回来拿放在椅子脚旁帆布皮包。)

问题思考:

小李这次面试为什么失败?

案例三

经过精心的准备策划,西蒙·福格来到英国著名的《泰晤士报》总经理办公室求职。

他问:"请问贵社需要一位好编辑吗?"言下之意他就是好编辑。

"不需要。"拒绝得很干脆。

"那么,好记者呢?"

"不需要。"拒绝的同样干脆。

"那么,排字工、校对员呢?"西蒙坚持不懈。

"都不需要。很抱歉,我们现在没有空缺。"明摆着事情要没戏了。

"那么,贵社一定需要这个。"说着,西蒙从包里拿出一块很精致的牌子,上面写着:"额满,暂不雇用。"

总经理被西蒙新颖、独特的求职方式所打动,破格给他安排了一个职位。25年后,西蒙·福格成为这家报社的总编辑,名扬世界。

问题思考:

面试时,如何让求职者的面试官心动?

三、实训题

模拟求职面试场景:某工艺品总公司招聘业务员,要求男性或女性,23岁左右,品貌端正,身体健康,无不良嗜好,大专以上文化。掌握流利的普通话,懂英语,能操作电脑,有一定的沟通协调能力。口语表达能力强,有吃苦耐劳的精神,掌握一定的市场营销知识和技能。

训练要求:

(1) 请根据上述招聘广告,做好相关准备,进行即席回答。

(2) 将学生分为两组,一组作为招聘方提问,一组作为应聘方回答。

参 考 文 献

[1] 金正昆. 实用商务礼仪[M]. 北京:中国人民大学出版社,2009.
[2] 金正昆. 商务礼仪教程[M]. 3版. 北京:中国人民大学出版社,2009.
[3] 金正昆. 礼仪金说[M]. 西安:陕西师范大学出版社,2006.
[4] 向多佳. 商务礼仪[M]. 上海:上海大学出版社,2011.
[5] 徐美萍. 现代礼仪[M]. 上海:上海大学出版社,2010.
[6] 王爱英,徐向群. 现代商务礼仪规范与实务[M]. 北京:北京大学出版社,2009.
[7] 郝凤波. 商务礼仪[M]. 北京:地震出版社,2008.
[8] 闻君,金波. 现代礼仪实用全书[M]. 北京:时事出版社,2007.
[9] 王忠伟. 商务礼仪[M]. 大连:东北财经大学出版社,2010.
[10] 李波. 商务礼仪[M]. 北京:中国纺织出版社,2006.
[11] 杜明汉. 商务礼仪——理论、实务、案例、实训[M]. 北京:高等教育出版社,2010.
[12] 王慧敏. 商务礼仪教程[M]. 北京:中国发展出版社,2008.
[13] 金正昆. 商务礼仪[M]. 西安:陕西师范大学出版社,2007.
[14] 夏志强. 人一生要懂得的100个商务礼仪[M]. 北京:中国书店,2006.
[15] 胡爱娟,陆青霜. 商务礼仪实训[M]. 北京:首都经济贸易大学出版社,2008.
[16] 姜红. 商务礼仪[M]. 上海:复旦大学出版社,2009.
[17] 杨眉. 现代商务礼仪[M]. 大连:东北财经大学出版社,2000.
[18] 吕维霞. 现代商务礼仪[M]. 北京:对外经济贸易大学出版社,2003.
[19] 张丽. 实用商务礼仪[M]. 北京:中国医药科技出版社,2008.
[20] 王水华. 公关与商务礼仪[M]. 南京:东南大学出版社,2001.
[21] 杨丽. 商务礼仪与职业形象[M]. 大连:大连理工大学出版社,2008.